国家文化产业资金支持媒体融合重大项目

高等职业教育财务会计类富媒体智能型

Administrative Institution Accounting Practice Exercise and Traning

行政事业单位会计实务习题与实训

（第三版）

刘淑琴 刘彩丽 主编

东北财经大学出版社
Dongbei University of Finance & Economics Press
大连

图书在版编目（CIP）数据

行政事业单位会计实务习题与实训 / 刘淑琴，刘彩丽主编．—3版．—大连：东北财经大学出版社，2022.8（2024.8重印）
（高等职业教育财务会计类富媒体智能型·工学结合系列教材）
ISBN 978-7-5654-4547-7

Ⅰ.行…　Ⅱ.①刘…②刘…　Ⅲ.单位预算会计-会计实务-高等职业教育-教学参考教材　Ⅳ.F810.6

中国版本图书馆CIP数据核字（2022）第091353号

东北财经大学出版社出版
（大连市黑石礁尖山街217号　邮政编码　116025）
网　　址：http://www.dufep.cn
读者信箱：dufep@dufe.edu.cn
大连图腾彩色印刷有限公司印刷　东北财经大学出版社发行

幅面尺寸：185mm×260mm　字数：233千字　印张：11
2022年8月第3版　2024年8月第2次印刷

责任编辑：王天华　张爱华　责任校对：包利华
封面设计：冀贵收　版式设计：原　皓

定价：26.00元

教学支持　售后服务　联系电话：（0411）84710309

如有印装质量问题，请联系营销部：（0411）84710711

第三版前言

为了培养高素质的会计职业人才，加强实践性教学，顺应我国高等职业教育的发展趋势，围绕国务院颁发的《关于加快发展现代职业教育的决定》中的“推行项目教学、案例教学、工作过程导向教学等教学模式”，及时反映高等职业教育会计专业最新教学改革成果，满足高职高专学生学习和广大行政事业单位财会人员培训的需要，我们根据《政府会计准则——基本准则》《政府会计准则第1号——存货》《政府会计准则第2号——投资》《政府会计准则第3号——固定资产》《政府会计准则第4号——无形资产》《政府会计准则第5号——公共基础设施》《政府会计准则第6号——政府储备物资》《政府会计准则第7号——会计调整》《政府会计准则第8号——负债》《政府会计准则第9号——财务报表编制和列报》《政府会计准则第10号——政府和社会资本合作项目合同》等1项基本准则+10项具体准则+2项指南+4个解释，以及《政府会计制度——行政事业单位会计科目和报表》《行政单位财务规则》《事业单位财务规则》等，按照“项目导向、任务驱动”的要求进行教材修订，特编写了与《行政事业单位会计实务》主教材配套使用的同步习题与实训。

本教材突出职业岗位的要求，将“学与做”有机地融为一体，体现了高职高专人才培养目标，强化了学生对会计实际操作能力的培养。本教材具体包括以下内容：

（1）同步训练。每个任务后设有同步训练，根据需要，选择性地设有判断题、单项选择题、多项选择题、简答题、核算与分析题等，便于学生及时巩固所学知识。

（2）综合训练。每个项目后设有综合训练，根据需要，选择性地设有计算分析题、业务处理题、实训题等，学生通过实际操作模拟训练，增强实践动手能力。

（3）案例分析。每个项目后设有案例分析，通过对典型案例的分析，学生可以进一步熟悉、巩固、掌握所学知识，增强分析问题和解决问题的能力。

本教材由山西省财政税务专科学校刘淑琴副教授、刘彩丽副教授任主编，具体编写分工如下：刘彩丽编写项目一、项目五、项目六和项目七，刘淑琴编写项目二、项目三、项目四、项目八、项目九和项目十。

由于编者的经验和水平有限，在修订过程中可能存在一些疏漏，恳请使用者提出改进意见，以便我们进一步完善。

编　者

2022年6月

目　录

学习领域一　行政事业单位会计综述

学习领域二　预算会计核算

学习领域一

行政事业单位会计综述

项目一

行政事业单位会计概述

任务1　行政事业单位会计基本理论

一、判断题（判断下列各题，正确的在括号内填“√”，不正确的在括号内填“×”）

1. 现代会计按照其核算、监督的对象以及适用范围，可分为企业会计和政府会计两大体系。（　　）

2. 政府会计主体提供的会计信息应当具有可比性。（　　）

3. 政府会计仅包括政府预算会计。（　　）

4. 会计核算、会计监督以及调控职能是行政事业单位会计的基本职能。（　　）

5. 我国的会计年度采用跨年制。（　　）

二、单项选择题（从下列各题的备选答案中，选择一个正确答案，并将其字母填入括号内）

1. 行政事业单位的会计对象是（　　）。

A. 行政事业单位的业务活动　　B. 行政事业单位的资金活动

C. 行政事业单位的管理活动　　D. 行政事业单位的社会活动

2. 与企业会计相比，我国政府会计特有的信息质量要求是（　　）。

A. 全面性要求　　B. 客观性要求

C. 一贯性要求　　D. 实质性要求

3. 我国的会计被分为（　　）、政府会计和民间非营利性组织会计。

A. 企业会计　　B. 预算会计

C. 管理会计　　D. 财务会计

4. 我国现行的政府会计体系，不包括（　　）。

A. 行政单位会计　　B. 事业单位会计

C. 民间非营利组织会计　　D. 财政总预算会计

5. 行政事业单位会计核算质量的首要条件是（　　）。

A. 相关性要求　　B. 可靠性要求

C. 可比性要求　　D. 及时性要求

三、多项选择题（从下列各题的备选答案中，选择两个或两个以上的正确答案，将其字母填入括号内）

1. 会计按其核算监督的对象和范围，可划分为（　　）。

A. 成本会计　　B. 民间非营利性组织会计

C. 企业会计　　D. 政府会计

2. 政府会计的构成包括（　　）。

A. 预算会计　　B. 财务会计

C. 成本会计　　D. 管理会计

3. 下列属于政府会计的是（　　）。

A.各级政府总预算会计　　B.各级各类行政单位会计
C.各级各类事业单位会计　　D.民间非营利组织会计

4.行政事业单位会计核算的基本假设包括（　　）。
A.会计主体　　B.持续运行
C.会计期间　　D.货币计量

5.行政事业单位会计核算的质量要求有（　　）。
A.一贯性要求　　B.可靠性要求
C.可比性要求　　D.及时性要求

四、简答题

1.简述会计的组成。

2.什么是政府会计？它由哪几部分组成？

3.简述行政事业单位会计核算的质量要求。

任务2　行政事业单位会计核算特点

一、判断题（判断下列各题，正确的在括号内填“√”，不正确的在括号内填“×”）

1. 行政单位会计组织系统与事业单位会计组织系统的构成是一致的。（　　）
2. 凡是向同级财政部门领报经费，下面没有所属会计单位的为二级会计单位。（　　）
3. 单位预算会计划分的级次不是行政级别高低的概念。（　　）
4. 行政单位也要进行成本核算。（　　）
5. 行政事业单位会计的核算基础全部采用收付实现制。（　　）

二、单项选择题（从下列各题的备选答案中，选择一个正确答案，并将其字母填入括号内）

1.行政事业单位的会计组织系统，分为的级次是（　　）。
A.二级　　B.三级

C.四级　　D.五级

2.向同级财政部门领报经费，并发生预算管理关系的，为（　　）。

A.主管会计单位　　B.一级会计单位

C.二级会计单位　　D.基层会计单位

3.行政事业单位业务活动的目的是（　　）。

A.营利性　　B.非营利性

C.竞争性　　D.排他性

4.行政事业单位会计核算模式是财务会计与预算会计（　　）。

A.适度分离并相互衔接　　B.适度分离

C.相互衔接　　D.适度统一

三、多项选择题（从下列各题的备选答案中，选择两个或两个以上的正确答案，将其字母填入括号内）

1.行政事业单位的会计组织系统，根据机构编制和经费领拨关系，分为（　　）。

A.主管会计单位　　B.二级会计单位

C.基层会计单位　　D.预算单位

2.行政单位会计的特点有（　　）。

A. 双功能

B. 双报告

C. 预算收支核算必须服从预算管理的要求

D. 核算基础一般采用权责发生制

3.行政事业单位会计核算基础可采用的是（　　）。

A.收支平衡制　　B.权责发生制

C.预算管理制　　D.收付实现制

4.事业单位会计的特点有（　　）。

A. 双功能

B. 双报告

C. 预算收支核算必须服从预算管理的要求

D. 核算基础一般采用收付实现制

5.行政事业单位会计的任务有（　　）。

A.正确及时地处理各项日常会计事项

B.实行会计监督

C.积极参与单位预算执行和管理

D.不断提高会计工作水平

四、简答题

1.简述行政事业单位会计核算特点。

2.简述行政事业单位会计的任务。

3.简述行政事业单位会计核算模式。

4.什么是财务会计和预算会计？并说明其核算基础。

任务3 行政事业单位会计要素和会计科目

一、判断题（判断下列各题，正确的在括号内填“√”，不正确的在括号内填“×”）

1. 会计要素是会计对象的基本分类，是会计核算内容的具体化。 （ ）
2. 财务会计要素包括预算收入、预算支出与预算结余。 （ ）
3. 预算会计要素包括资产、负债、净资产、收入和费用。 （ ）
4. 行政事业单位会计核算基础采用收付实现制和权责发生制。 （ ）
5. 支出属于行政事业单位会计要素之一。 （ ）
6. 行政事业单位的预算收入减去预算支出的差额为预算结余，因而预算结余是一个会计要素。 （ ）
7. 行政事业单位会计的会计科目应与不同会计主体业务相适应，不应与政府预算收支科目相适应。 （ ）

二、单项选择题（从下列各题的备选答案中，选择一个正确答案，并将其字母填入括号内）

1.行政事业单位会计要素包括（ ）。

A.财务会计要素和预算会计要素　　B.预算会计要素和管理会计要素

C.管理会计要素和财务会计要素　　D.成本会计要素和管理会计要素

2.下列属于预算会计要素的是（ ）。

A.资产　　B.负债

C.净资产　　D.预算结余

3.下列属于财务会计要素的是（ ）。

A.所有者权益　　B.预算收入
C.净资产　　D.预算支出

4.行政事业单位财务会计核算基础采用的是（　　）。
A.权责发生制和收付实现制
B.权责发生制
C.以权责发生制为主、收付实现制为辅
D.收付实现制

5.事业单位预算会计核算基础采用的是（　　）。
A.权责发生制　　B.收付实现制
C.预算管理制　　D.收支平衡制

6.对会计对象在会计要素分类基础上进一步分类的名称为（　　）。
A.账户　　B.会计科目
C.账户分类　　D.科目分类

7.行政事业单位财务会计基本等式为（　　）。
A.资产=负债+所有者权益　　B.资产=权益
C.资产=负债+净权益　　D.资产=负债+净资产

三、多项选择题（从下列各题的备选答案中，选择两个或两个以上的正确答案，将其字母填入括号内）

1.行政事业单位会计要素包括（　　）。
A.财务会计要素　　B.预算会计要素
C.成本会计要素　　D.预算管理要素

2.下列属于财务会计要素的有（　　）。
A.负债　　B.净资产
C.费用　　D.收入

3.下列属于预算会计要素的有（　　）。
A.所有者权益　　B.预算收入
C.预算支出　　D.预算结余

4.我国行政事业单位财务会计的“负债部类”包括（　　）。
A.负债　　B.净资产
C.所有者权益　　D.收入

四、简答题

1.简述行政事业单位会计要素的构成。

2.简述行政事业单位会计的科目使用要求。

3.举例说明什么是权责发生制和收付实现制。

4.简述行政事业单位会计科目设置的原则。

任务4 借贷记账法与平行记账

一、判断题（判断下列各题，正确的在括号内填“√”，不正确的在括号内填“×”）

1. 我国现行行政事业单位会计采用世界通用的借贷记账法。（ ）

2. 行政事业单位会计由预算会计和财务会计组成，因而需要进行平行记账。（ ）

3. 单位只要发生现金流入，预算会计和财务会计就必须进行平行记账。（ ）

二、单项选择题（从下列各题的备选答案中，选择一个正确答案，并将其字母填入括号内）

1.借贷记账法下，下列项目中，应记入账户借方的是（ ）。

A.收入的增加 B.负债的增加

C.资产的减少 D.净资产的减少

2.我国现行行政事业单位会计采用的记账方法是（ ）。

A.借贷记账法 B.收付记账法

C.增减记账法 D.平衡记账法

3.采用借贷记账法记账时，我们把对每笔经济业务列示其应借和应贷的账户及其金额的记录叫作（ ）。

A.借贷记账法 B.收付记账法

C.会计分录 D.会计账户

三、多项选择题（从下列各题的备选答案中，选择两个或两个以上的正确答案，将其字母填入括号内）

1.借贷记账法下，下列项目应记入账户借方的有（　　）。

A.收入类账户借方增加　　B.资产类账户借方增加

C.净资产类账户借方增加　　D.支出类账户借方增加

2.借贷记账法下的试算平衡公式有（　　）。

A. 所有账户的借方余额合计=所有账户的贷方余额合计

B. 所有账户的借方发生额合计=所有账户的贷方发生额合计

C. 总账账户期末余额=所属明细账账户期末余额合计

D. 所有总账账户期末余额合计=所有明细账账户期末余额合计

3.下列事项需要进行财务会计和预算会计平行记账的有（　　）。

A.从银行借入款项　　B.固定资产计提折旧

C.采用财政直接支付方式购入存货　　D.职工出差预借差旅费

四、简答题

1.简述借贷记账法的基本内容。

2.简述财务会计与预算会计平行记账。

任务5　行政事业单位财务管理

一、判断题（判断下列各题，正确的在括号内填“√”，不正确的在括号内填“×”）

1. 行政事业单位预算由收入预算和支出预算组成。（　　）

2. 所有的预算资金都必须存入国库。（　　）

3. 行政单位与事业单位预算级次的划分是不同的。（　　）

4. 财政部门对事业单位实行收支统一管理，定额、定项拨款，超支不补，结转和结余按规定使用的预算管理办法。（　　）

5. 行政事业单位都采用“二上二下”的预算编报和审批程序。（　　）

二、单项选择题（从下列各题的备选答案中，选择一个正确答案，并将其字母填入括号内）

1. 已经缴入国库的各项预算收入，即成为国家预算资金，它的支配权属于（　　）。

A. 同级税务机关　　B. 同级国库

C. 同级政府　　D. 同级财政机关

2. 按照预算管理权限，行政事业单位预算划分为（　　）预算单位。

A. 二级　　B. 三级

C. 四级　　D. 五级

3. 预算单位的零余额账户是用于（　　）。

A. 财政授权支付　　B. 财政直接支付

C. 国库存款支付　　D. 核算预算单位的零星支出活动

4. 行政事业单位预算是由收入预算和（　　）构成。

A. 支出预算　　B. 总预算

C. 单位预算　　D. 部门预算

5. 行政事业单位预算编报采用的流程是（　　）。

A. 一上一下　　B. 一下一上

C. 二上二下　　D. 二下二上

三、多项选择题（从下列各题的备选答案中，选择两个或两个以上的正确答案，将其字母填入括号内）

1. 行政单位财务管理遵循的基本原则有（　　）。

A. 量入为出、保障重点，兼顾一般　　B. 厉行节约，制止奢侈浪费

C. 降低行政成本　　D. 注重资金使用效益

2. 行政事业单位财务管理的主要任务有（　　）。

A. 科学合理地编制预决算　　B. 建立健全财务管理制度

C. 加强资产管理　　D. 定期编制财务报告

3. 行政事业单位预算的组成有（　　）。

A. 收入预算　　B. 支出预算

C. 资产预算　　D. 负债预算

4. 行政事业单位决算的组成有（　　）。

A. 收入决算　　B. 支出决算

C. 资产决算　　D. 负债决算

5. 行政单位预算管理的办法有（　　）。

A. 收支统一管理　　B. 定额、定项拨款

C. 超支不补　　D. 结转和结余按规定使用

四、简答题

1. 简述行政事业单位财务管理的主要任务。

2. 行政事业单位预算级次是如何划分的?

3. 行政单位和事业单位的预算管理办法有何不同?

综合训练

业务处理题

某事业单位已经实行国库集中支付制度和政府采购制度。2021年12月份发生如下业务:

(1) 5日，收到代理银行转来的“财政授权支付额度到账通知书”，列明本月授权额度为500 000元。该事业单位将授权额度500 000元计入银行存款，同时确认财政拨款收入500 000元。

(2) 8日，收到财政国库支付执行机构委托代理银行转来的“财政直接支付入账通知书”和工资发放明细表，列明工资支出金额为800 000元，代理银行已将800 000元划入该事业单位职工个人账户。该事业单位将800 000元的工资支出确认为事业支出的同时，减少了银行存款800 000元。

(3) 12日，按照规定的政府采购程序与某供应商签订一份购货合同，购买办公用计算机10台，合同金额合计为90 000元。合同约定，供货商于本月20日交货，货款由该事业单位验货后向代理银行开具支付令。该事业单位对此事项未做会计处理。

(4) 20日，收到所购计算机，但购货发票尚未收到。该事业单位验货后，向代理银行开具了支付令，通知代理银行支付供货商货款。该事业单位因购货发票未收到，所以未做会计处理。

(5) 25日，收到供货商转来的购货发票，发票中注明的金额为90 000元。该事业单位确认固定资产90 000元的同时，减少零余额账户用款额度90 000元。

【要求】分析判断该事业单位上述业务的会计处理是否正确，如不正确，请说明正确的会计处理。

案例分析

“没有规矩不成方圆。”会计基础工作是会计工作的基础环节，也是经济管理工作的重要基础，更是会计工作得以正常开展的重要保证，规范会计基础工作是保证单位财务工作秩序和会计信息质量的前提条件。近些年，行政事业单位为了适应市场经济发展的需要以及经济活动环境的变化，会计基础工作得到了长足发展，但是在发展的过程中，会计基础工作中存在的弊端和漏洞也随之暴露出来，其规范性仍有待进一步提高和加强。

现阶段，一些行政事业单位对会计基础管理工作不太重视，造成了会计资料虚假、信息失实，影响了会计职能的有效发挥。这不仅有碍于社会主义市场经济的发展，还极大地损害了会计这一行业的社会信誉度。

【要求】分析当前行政事业单位会计基础工作的滞后性表现在哪些方面。

学习领域二

预算会计核算

项目二

预算收入的核算

任务1　预算收入概述

一、判断题（判断下列各题，正确的在括号内填“√”，不正确的在括号内填“×”）

1. 预算收入是指政府会计主体在预算年度内依法取得的并纳入预算管理的现金流入，所以预算单位的现金流入就是预算收入。（　）

2. 预算单位处置固定资产的残值，是现金流入但不能计入预算收入，而要计入负债，应上缴国库。（　）

3. 某预算单位年末收到财政预拨下年度经费5万元，并将其确认为“财政拨款预算收入”。（　）

4. 预算单位接受无偿调入的固定资产，作为资产和净资产增加处理，不能确认为预算收入。（　）

二、单项选择题（从下列各题的备选答案中，选择一个正确答案，并将其字母填入括号内）

1. 下列（　）能确认为预算收入。

A. 收到财政预拨下年经费　　B. 收到应上缴财政的款项

C. 收到直接记入专用基金的资金　　D. 收到增值税销项税款

2. 下列（　）能作为预算收入确认的事项。

A. 收到财政预拨下年经费

B. 财政直接支付本年经费

C. 收到财政返还的上年未使用的资金额度

D. 收到财政直接支付上年经费

3. 行政单位的预算收入不包括（　）。

A. 财政拨款预算收入　　B. 非同级财政拨款预算收入

C. 上级补助预算收入　　D. 其他预算收入

三、多项选择题（从下列各题的备选答案中，选择两个或两个以上的正确答案，将其字母填入括号内）

1. 下列属于事业单位的预算收入的有（　）。

A. 财政拨款预算收入　　B. 上级补助预算收入

C. 经营预算收入　　D. 事业预算收入

2. 预算收入确认的时点有（　）。

A. 收到货币资金时　　B. 财政直接支付时

C. 期末确认未使用的财政额度时　　D. 前三项都不是

3. 下列（　）属于收到现金但不能确认为预算收入。

A. 收到财政预拨下年经费　　B. 收到应上缴财政的款项

C. 收到直接计入专用基金的资金　　D. 收到从金融机构借入的款项

四、简答题

1.什么是预算收入？如何进行确认与计量？

2.事业单位预算收入是如何进行分类的？

任务2 财政拨款预算收入与非同级财政拨款预算收入的核算

一、判断题（判断下列各题，正确的在括号内填“√”，不正确的在括号内填“×”）

1.“财政拨款预算收入”账户年终贷方余额，应全数转入“财政拨款结转”账户。（ ）

2.财政拨款预算收入的确认和计量与财政资金支付方式无关，行政事业单位在不同资金支付方式下对财政拨款预算收入的确认计量相同。（ ）

3.在财政授权支付方式下，行政事业单位在实际使用财政资金时确认财政拨款预算收入。（ ）

4.年末行政事业单位对尚未使用的预算指标根据本年度财政直接支付预算指标数与财政直接支付实际支出数的差额确认财政拨款预算收入。（ ）

5.年末行政事业单位对尚未使用的预算指标根据单位本年度财政授权支付预算指标数和财政授权支付额度下达数的差额确认财政拨款预算收入。（ ）

6.财政拨款预算收入在年终进行结算时，按预算指标结余数进行确认与计量。（ ）

7.财政拨款预算收入是指行政事业单位从政府财政部门取得的各类财政拨款。（ ）

8.财政拨款预算收入包括从财政专户返还的收入。（ ）

二、单项选择题（从下列各题的备选答案中，选择一个正确答案，并将其字母填入括号内）

1.在财政授权支付方式下，事业单位在确认财政拨款预算收入的同时应确认（ ）。

A.财政应返还额度增加　　B.资金结存——零余额账户用款额度增加

C.事业支出　　D.行政支出

2.在财政授权支付方式下，行政单位在确认财政拨款预算收入的同时应确认（ ）。

A.财政应返还额度增加　　B.资金结存——零余额账户用款额度增加

C.事业支出　　D.行政支出

3.行政事业单位实行国库集中支付后，财政授权支付下财政拨款预算收入的确认时间是（ ）。

A.收到“财政授权支付额度到账通知书”时

B. 使用授权额度时

C. 年末确认财政应返还额度时

D. 年末注销额度时

4. 行政事业单位从同级政府财政部门取得的各类财政拨款属于事业单位的（　　）。

A. 财政拨款预算收入　　B. 其他预算收入

C. 事业预算收入　　D. 上级补助预算收入

5. 下列项目中，关于“财政拨款预算收入”科目说法错误的是（　　）。

A. 期末结转后，本科目应无余额

B. 本科目应当设置“基本支出”和“项目支出”两个明细科目，并按照《政府收支分类科目》中“支出功能分类科目”的“项”级科目进行明细核算

C. 在“项目支出”明细科目下按照“人员经费”和“日常公用经费”进行明细核算

D. 本科目核算行政事业单位从同级政府财政部门取得的各类财政拨款

6. 在（　　）方式下，事业单位应于收到财政国库支付执行机构委托代理银行转来的“财政直接支付入账通知书”时确认财政拨款预算收入，按入账通知书中标明的财政资金支付金额进行计量入账。

A. 财政直接支付　　B. 财政授权支付

C. 财政实拨资金　　D. 限额拨款

三、多项选择题（从下列各题的备选答案中，选择两个或两个以上的正确答案，将其字母填入括号内）

1. 在“财政拨款预算收入”科目下应当设置的明细科目有（　　）。

A. 一般公共财政预算拨款　　B. 政府性基金预算拨款

C. 基本支出　　D. 项目支出

2. 国库集中支付制度下，行政事业单位财政拨款预算收入取得的方式有（　　）。

A. 财政直接支付方式　　B. 财政授权支付方式

C. 其他方式　　D. 自筹资金方式

3. 行政事业单位领取财政经费应遵循的原则包括（　　）。

A. 按预算级次领拨　　B. 按用款计划

C. 按支出用途领拨　　D. 按实际进度领拨

4. “财政拨款预算收入”总账科目下设的“基本支出”明细科目应按照（　　）等进行明细核算，在“项目支出”明细科目下按照具体项目进行明细核算。

A. 人员经费　　B. 日常公用经费

C. 具体项目　　D. 经常性经费

5. 非同级财政拨款预算收入是指行政事业单位从非同级政府财政部门取得的财政拨款，包括（　　）。

A. 上级单位拨款　　B. 非本级财政拨款

C. 上级财政拨款　　D. 本级横向转拨财政款

四、简答题

1. 什么是财政拨款预算收入？在不同拨款方式下如何进行确认与计量？

2. 根据《政府会计制度——行政事业单位会计科目和报表》，说明财政拨款预算收入明细账设置的内容。

3. 什么是非同级财政拨款预算收入？包含哪些内容？

五、核算与分析题

（一）

【目的】掌握行政单位财政拨款预算收入和非同级财政拨款预算收入的账务处理。

【资料】某行政单位2021年12月发生如下经济业务：

（1）3日，收到“财政授权支付额度到账通知书”，通知书列明用于日常公用经费360 000元、人员经费200 000元，用于甲项目支出160 000元。

（2）8日，收到从非同级政府财政部门取得的用于完成某专项任务的经费80 000元，款项已存入银行。

（3）21日，收到“财政直接支付入账通知书”，列明支付开展专业日常业务活动水电费30 000元。

（4）年末，将“非同级财政拨款预算收入”科目本年非专项资金收入发生额56 000元和专项资金收入发生额780 000元进行结转。

（5）年末，将“财政拨款预算收入”科目本年发生额846 000元（其中专项资金收入260 000元）进行结转。

【要求】根据上述经济业务编制预算会计分录。

（二）

【目的】掌握事业单位财政拨款预算收入和非同级财政拨款预算收入的账务处理。

【资料】某事业单位2021年12月发生的经济业务如下：

（1）5日，收到单位零余额账户代理银行转来的“财政授权支付额度到账通知书”，该单位获得用于基本支出的财政授权支付额度100 000元。

（2）6日，收到同级政府财政部门委托代理银行转来的“财政直接支付入账通知书”，直接支付为开展日常业务活动所发生的经费60 000元，直接支付为开展某项专业业务活动所发生的经费40 000元。

（3）16日，根据代理银行转来的“财政直接支付入账通知书”及有关原始单据，列明购入自用材料一批，价款35 000元，增值税税额4 550元，材料已验收入库。

（4）18日，收到代理银行转来的“财政直接支付入账通知书”，列明同级政府财政部门拨入的大型修缮款150 000元。

（5）26日，通过实拨资金方式获得中央财政资金700 000元，存入单位银行账户，用于项目支出预算的房屋日常维修款。

（6）年末，将“非同级财政拨款预算收入”科目本年非专项资金收入发生额170 000元和专项资金收入发生额700 000元进行结转。

（7）年末，将“财政拨款预算收入”科目本期发生额1 500 000元（其中专项资金收入160 000元）进行结转。

【要求】根据上述经济业务编制预算会计分录。

任务3　事业预算收入与经营预算收入的核算

一、判断题（判断下列各题，正确的在括号内填“√”，不正确的在括号内填“×”）

1. 事业预算收入是单位开展专业业务活动及其辅助活动所取得的收入。（　　）

2. 经营预算收入是事业单位在专业业务活动及其辅助活动之外开展非独立核算经营

活动取得的现金流入。（ ）

3. 对于事业单位因开展科研及其辅助活动从非同级政府财政部门取得的经费拨款，应列入“事业预算收入——非同级财政拨款”。（ ）

4. 期末，将“事业预算收入”科目本期发生额中的专项资金收入结转入非财政拨款结转，借记本科目下各专项资金收入明细科目，贷记“非财政拨款结转”科目。（ ）

5. 期末，将“事业预算收入”科目本期发生额中的非专项资金收入结转入其他结余，借记本科目下各非专项资金收入明细科目，贷记“其他结余”科目。（ ）

6. 事业单位对外提供服务时，将预收的款项确认为预算收入。（ ）

二、单项选择题（从下列各题的备选答案中，选择一个正确答案，并将其字母填入括号内）

1.（ ）是指事业单位开展专业业务活动及其辅助活动取得的现金流入。

A. 事业预算收入　B. 经营预算收入

C. 投资预算收益　D. 其他预算收入

2. 下列项目中，关于“经营预算收入”科目说法错误的是（ ）。

A. 期末，将本科目本期发生额转入经营结余，借记本科目，贷记“经营结余”科目

B. 本科目核算事业单位在专业业务活动及其辅助活动之外开展非独立核算经营活动取得的现金流入

C. 本科目应当按照经营活动类别、项目、《政府收支分类科目》中“支出功能分类科目”的“项”级科目等进行明细核算

D. 经营预算收入应当在提供服务，同时收讫价款或者取得索取价款的凭据时，按照实际收到或应收的金额确认

3. 事业单位收到上级主管部门转拨的财政专户款，应列入（ ）账户。

A. 非同级财政拨款预算收入　B. 其他预算收入

C. 事业预算收入　D. 上级补助预算收入

4. 下列项目中，关于“事业预算收入”科目说法错误的是（ ）。

A. 期末结账后，本科目应有贷方余额

B. 本科目核算事业单位开展专业业务活动及其辅助活动取得的现金流入

C. 本科目应当按照事业收入类别、项目、《政府收支分类科目》中“支出功能分类科目”的“项”级科目等进行明细核算

D. 事业预算收入中如有专项资金收入，还应按具体项目进行明细核算

5. 我国目前的预算管理对象是现金资源，因此事业单位预算收入的核算主要反映货币资金的流入。在某些情况下，事业单位的（ ）可作为预算收入处理。

A. 货币资金溢余　B. 应付款项的核销

C. 盘盈的存货　D. 接受捐赠的固定资产

三、多项选择题（从下列各题的备选答案中，选择两个或两个以上的正确答案，将其字母填入括号内）

1. 下列属于事业预算收入核算内容的有（ ）。

A. 开展专业业务活动所取得的收入

B. 从财政专户核拨的专户资金

C. 开展专业业务的辅助活动所取得的收入

D. 应缴财政专户的资金

2. 采用财政专户返还方式管理的事业单位收到开展专业业务活动取得的现金流入时，下列项目中关于事业预算收入的主要账务处理，说法正确的有（　　）。

A. 取得现金流入时，按照收到的款项金额，借记“银行存款”等科目，贷记“应缴财政款”科目

B. 取得现金流入时，按照收到的款项金额，借记“资金结存”等科目，贷记“事业预算收入”科目

C. 向财政专户上缴款项时，按照实际上缴的款项金额，借记“应缴财政款”科目，贷记“银行存款”等科目

D. 收到从财政专户返还的事业预算收入时，按照实际收到的返还金额，借记“银行存款”等科目，贷记“事业预算收入”科目

四、简答题

1. 简述事业预算收入的概念及内容。

2. 事业单位预算收入管理的要求有哪些？

3. 什么是经营预算收入？与事业预算收入的区别是什么？

五、核算与分析题

（一）

【目的】掌握事业预算收入的账务处理。

【资料】某事业单位2021年12月发生的经济业务如下：

（1）5日，开展专业活动取得按规定不需上缴财政专户的非专项资金的培训业务收入20 000元。

（2）16日，收到从财政专户返还的事业收入23 000元。

（3）19日，开展专业业务活动，取得收入150 000元，存入银行。

（4）20日，收到国家科技局拨来的专项资金260 000元，用于完成乙项目重大科研项目研究。

（5）年终结算，共发生事业预算收入500 000元，其中专项资金收入150 000元，进行结转。

【要求】根据上述经济业务编制预算会计分录。

（二）

【目的】掌握经营预算收入的账务处理。

【资料】某事业单位2021年12月发生的经济业务如下：

（1）6日，收到所属非独立核算单位通过银行上缴的款项20 000元。

（2）16日，开展生产活动，对外销售产品一批，价款为10 000元，增值税税额为300元，该批产品成本为6 000元，款项通过银行划转收到。

（3）年终结算，共发生经营预算收入100 000元，进行结转。

【要求】根据上述经济业务编制预算会计分录。

任务4　上级补助预算收入与附属单位上缴预算收入的核算

一、判断题（判断下列各题，正确的在括号内填“√”，不正确的在括号内填“×”）

1. 上级补助预算收入是指事业单位从主管部门和上级单位取得的非财政拨款收入。（　　）

2. 期末，将“上级补助预算收入”科目本期发生额中的专项资金收入结转入非财政拨款结转，借记“上级补助预算收入”科目下各专项资金收入明细科目，贷记“非财政拨款结转”科目。（　）

3. 某事业单位收到所属报销单位缴来的收入，列入“附属单位上缴预算收入”账户。（　）

二、单项选择题（从下列各题的备选答案中，选择一个正确答案，并将其字母填入括号内）

1. 事业单位从主管部门和上级单位取得的非财政补助现金流入列入（　）账户。

A. 其他预算收入　　B. 上级补助预算收入

C. 非同级财政拨款预算收入　　D. 事业预算收入

2. 期末，将“上级补助预算收入”科目本期发生额中的专项资金收入结转入（　）科目。

A. 其他结余　　B. 非财政拨款结余

C. 非财政拨款结转　　D. 其他结转

3. 期末，将“附属单位上缴预算收入”科目本期发生额中的专项资金收入结转入（　）科目。

A. 其他结余　　B. 非财政拨款结余

C. 非财政拨款结转　　D. 其他结转

4. 期末，将“附属单位上缴预算收入”科目本期发生额中的非专项资金收入结转入（　）科目。

A. 专用结余　　B. 非财政拨款结余

C. 经营结余　　D. 其他结余

三、多项选择题（从下列各题的备选答案中，选择两个或两个以上的正确答案，将其字母填入括号内）

1. 下列项目中，关于“上级补助预算收入”科目，说法正确的有（　）。

A. 本科目核算事业单位从主管部门和上级单位取得的非财政补助现金流入

B. 本科目核算事业单位从主管部门和上级单位取得的非财政拨款收入

C. 收到上级补助预算收入时，按照实际收到的金额，借记“银行存款”等科目，贷记本科目

D. 期末，将本科目本期发生额中的专项资金收入结转入非财政拨款结转，借记本科目下各专项资金收入明细科目，贷记“非财政拨款结转”科目

2. “上级补助预算收入”总账科目核算事业单位从主管部门和上级单位取得的非财政补助现金流入，本科目下应当按照（　）的相关科目等进行明细核算。

A. 发放补助单位

B. 补助项目

C.《政府收支分类科目》中“支出功能分类科目”的项级科目

D.《政府收支分类科目》中“部门预算支出经济分类科目”

3. “附属单位上缴预算收入”科目应当按照（　）等进行明细核算。

A.附属单位　　B.缴款项目

C.《政府收支分类科目》中“支出经济分类科目”的项级科目

D.《政府收支分类科目》中“支出功能分类科目”的项级科目

4.“附属单位上缴预算收入”包括（　　）等项目。

A.附属事业单位上缴的收入

B.附属企业上缴的利润分成

C.附属企业上缴的管理费

D.附属单位上缴的补偿本单位在支出中垫付的各种费用

四、简答题

1.什么是上级补助预算收入？如何进行确认和计量？并说明与非同级财政拨款预算收入的区别。

2.什么是附属单位上缴预算收入？如何进行确认和计量？并说明与经营预算收入的区别。

五、核算与分析题

（一）

【目的】掌握上级补助预算收入业务的账务处理。

【资料】某事业单位2021年12月发生的经济业务如下：

（1）6日，收到上级单位拨来弥补事业开支不足的非财政补助资金230 000元，其中用于某专项业务资金80 000元。

（2）年终，结转“上级补助预算收入”科目余额240 000元，其中专项资金收入80 000元。

【要求】根据上述经济业务编制预算会计分录。

（二）

【目的】掌握附属单位上缴预算收入账务处理。

【资料】某事业单位2021年12月发生的经济业务如下：

（1）6日，收到附属独立核算单位上缴收入180 000元，其中专项资金收入60 000元。

（2）年终，将“附属单位上缴预算收入”科目余额260 000元进行结转，其中专项资金收入60 000元。

【要求】根据上述经济业务编制预算会计分录。

任务5　债务预算收入、投资预算收益与其他预算收入的核算

一、判断题（判断下列各题，正确的在括号内填“√”，不正确的在括号内填“×”）

1. 债务预算收入是指行政单位按照规定从银行和其他金融机构等借入的、纳入部门预算管理的、不以财政资金作为偿还来源的债务本金。（　）
2. 股权投资收益属于投资预算收益，债券投资利息收入属于其他预算收入。（　）
3. 接受捐赠的固定资产，通过“其他预算收入”科目核算。（　）
4. 接受捐赠的货币资金，通过“其他预算收入”科目核算。（　）
5. 年终结账时，将“其他预算收入”科目贷方余额全数转入“其他结余”科目。（　）

二、单项选择题（从下列各题的备选答案中，选择一个正确答案，并将其字母填入括号内）

1. 下列能通过“投资预算收益”科目核算的有（　）。
A. 债券投资利息收入
B. 从非同级政府财政部门取得指定转给其他单位的款项
C. 银行存款利息收入
D. 从银行借入的资金
2. 下列能通过“其他预算收入”科目核算的有（　）。
A. 库存现金溢余
B. 从非同级政府财政部门取得指定转给其他单位的款项
C. 固定资产残值变价收入
D. 从上级主管部门取得的用于完成专项任务的非财政补助资金
3. 以下收入中，不应记入单位“其他预算收入”账户的有（　）。
A. 固定资产出租收入　　B. 接受外单位捐赠的货币资金
C. 对外投资收益　　D. 银行存款利息收入
4. 下列项目中，不属于其他预算收入核算范围的是（　）。

A.捐赠收入　　B.非同级财政拨款预算收入

C.接受外单位捐赠的货币资金　　D.银行存款利息收入

5.行政事业单位对银行产生的少量存款利息收入应记入（　　）账户。

A.利息预算收入　　B.事业预算收入

C.经营预算收入　　D.其他预算收入——利息收入

三、多项选择题（从下列各题的备选答案中，选择两个或两个以上的正确答案，将其字母填入括号内）

1.投资预算收益是指事业单位取得的按规定纳入部门预算管理的属于投资收益性质的现金流入，包括（　　）。

A.股权投资收益　　B.出售或收回债券投资所取得的收益

C.债券投资利息收入　　D.银行存款利息收入

2.其他预算收入是指单位除财政拨款预算收入、事业预算收入、上级补助预算收入、附属单位上缴预算收入、经营预算收入、债务预算收入、非同级财政拨款预算收入、投资预算收益之外的纳入部门预算管理的现金流入，包括（　　）。

A.捐赠预算收入　　B.利息预算收入

C.租金预算收入　　D.现金盘盈收入

3.在“其他预算收入”科目下应当设置的明细科目有（　　）。

A.捐赠收入　　B.租金收入

C.利息收入　　D.国有资产处置收入

四、简答题

1.什么是投资预算收益，包含哪些内容？

2.什么是其他预算收入，包含哪些内容？如何进行确认与计量？

五、核算与分析题

（一）

【目的】掌握债务预算收入的账务处理。

【资料】某事业单位2021年12月发生的部分经济业务如下：

（1）16日，因开展非独立核算经营活动向银行借款250 000元，期限半年，年利率4.32%，到期一次还本，贷款利息于每季末月25日前付息，贷款已办理完毕，转存单位基本账户。

（2）年末，将“债务预算收入”科目余额300 000元进行结转，其中专项资金收入50 000元。

【要求】根据上述资料编制预算会计分录。

（二）

【目的】掌握投资预算收益的账务处理。

【资料】某事业单位2021年12月发生的部分经济业务如下：

（1）10日，收到国库券投资利息收入60 000元。

（2）15日，收到长期股权投资分得的利润150 000元

（3）年末，将“投资预算收益”科目余额210 000元进行结转。

【要求】根据上述资料编制预算会计分录。

（三）

【目的】掌握其他预算收入的账务处理。

【资料】某事业单位2021年12月发生的部分经济业务如下：

（1）6日，对外出租房屋，取得租金20 000元，已存入银行。

（2）16日，取得存款利息收入5 000元，已存入银行。

（3）18日，出售废品，获得废品变价收入现金200元，经同级政府财政部门核定留归单位使用。

（4）20日，收到A单位捐赠30 000元银行存款，指定奖励优秀职工。

（5）年末，将“其他预算收入”科目余额80 000元进行结转，其中专项资金收入30 000元。

【要求】根据上述资料编制预算会计分录。

综合训练

一、业务处理题

某事业单位2021年12月发生下列经济业务：

（1）2日，某事业单位收到代理银行转来的“财政授权支付额度到账通知书”，列明本月授权支付额度250 000元已到账，其中基本支出补助150 000元，项目支出补助100 000元。

（2）3日，某事业单位以财政直接支付方式支付一笔干部岗位培训费50 000元，收到国库支付中心转来的“财政直接支付入账通知书”及相关原始凭证。

（3）5日，收到财政专户返还的基本支出经费40 000元，已到账。

（4）6日，收到所属独立核算单位上缴利润50 000元，已存入银行。

（5）16日，收到其他单位的限定用途捐赠收入20 000元，已存入银行。

（6）19日，附属的非独立核算单位利用本单位资源为公众提供有偿服务，收到服务费50 000元，按3%计算缴纳增值税。

（7）26日，收回一年期的国库券，本金100 000元，利息5 000元。

【要求】根据上述业务编制预算会计分录。

二、实训题

【实训目的】熟悉财政拨款预算收入、事业预算收入取得业务中常见原始凭证；掌握财政拨款预算收入、事业预算收入账务处理技能。

【实训资料】

1.基本资料

事业单位名称：甲事业单位

开户行：中国工商银行太原市下元支行

基本户账号：1801001122001008888

单位地址：太原市迎泽区五一东街28号，电话：0351-6213×××

法人：陈大明

会计核算遵循《政府会计准则——基本准则》及政府会计准则的具体准则、《政府会计制度——行政事业单位会计科目和报表》等。

2. 业务资料

2021年12月发生财政专户返还收入和财政拨款预算收入的部分业务资料如下：

业务1：25日，收到从财政专户返还的事业预算收入5万元。

（银行进账单）

业务2：5日，通过财政直接支付购买图书一批，列明金额20万元；收到“财政授权支付额度到账通知书”，列明本月用款额度30万元。

（财政直接支付申请书、财政授权支付申请书、“财政直接支付入账通知书”、购书发票、图书验收单，“财政授权支付额度到账通知书”等）

【实训要求】根据实训资料填制、审核原始凭证，编制记账凭证，登记会计账簿。

案例分析

2021年12月，审计机关对某行政单位及其所属部门财务情况进行审计，在审计过程中，发现下列情况：

1. 收到政府财政部门拨付给所属单位专项科研经费550万元，该单位在转拨时调剂100万元用于弥补本级专项经费的不足。

2. 该单位在行政执法中没收一批物资，已委托某拍卖行拍卖，取得拍卖收入300万元，并将其确认为其他预算收入。

3. 年末收到政府财政部门预拨的下年度经费850万元，列入“财政拨款预算收入”科目处理。

【要求】根据上述资料，分析判断该行政单位对上述各业务的处理是否正确？如不正确，请简要说明理由。

项目三

预算支出的核算

任务1　预算支出概述

一、判断题（判断下列各题，正确的在括号内填“√”，不正确的在括号内填“×”）

1. 预算支出是指政府会计主体在预算年度内依法发生并纳入预算管理的现金流出。（　　）

2. 行政支出是指行政事业单位履行其职责实际发生的各项现金流出。（　　）

3. 预算单位发生的所有现金流出都属于预算支出。（　　）

4. 对外捐赠（调出）非现金资产发生的税费支出列入其他支出。（　　）

5. 债务还本支出是指事业单位偿还自身承担的纳入预算管理的从金融机构举借的债务本金的现金流出。（　　）

6. 投资支出资金的收回，纳入预算管理的，增加结转结余。（　　）

7. 事业单位使用计提的专用基金可以确认为预算支出。（　　）

8. 预算单位的预付材料款可以确认为预算支出。（　　）

二、单项选择题（从下列各题的备选答案中，选择一个正确答案，并将其字母填入括号内）

1.（　　）是指事业单位开展专业业务活动及其辅助活动实际发生的各项现金流出。

A. 事业支出　　B. 行政支出
C. 投资支出　　D. 经营支出

2.（　　）是指事业单位在专业业务活动及其辅助活动之外开展非独立核算经营活动实际发生的各项现金流出。

A. 事业支出　　B. 经营支出
C. 对附属单位补助支出　　D. 其他支出

3. 下列（　　）可以确认为预算支出。

A. 用财政预拨经费支付的现金　　B. 投资活动支付的现金
C. 支付上缴财政的款项　　D. 预借的差旅费

三、多项选择题（从下列各题的备选答案中，选择两个或两个以上的正确答案，将其字母填入括号内）

1. 下列事项属于投资支出的是（　　）。

A. 以货币资金购买3年期的国库券　　B. 以货币资金进行股权投资
C. 固定资产对外投资形成的股权投资　　D. 偿还自身承担的债务本金

2. 其他支出是指单位除行政支出、事业支出、经营支出、上缴上级支出、对附属单位补助支出、投资支出、债务还本支出以外的各项现金流出，包括（　　）。

A. 利息支出　　B. 现金盘亏损失
C. 固定资产计提累计折旧　　D. 罚没支出

3.下列（　　）属于支付的现金但不能确认为预算支出。

A.用财政预拨经费支付现金　　B.支付押金

C.支付上缴财政的款项　　D.预借的差旅费

4.预算支出确认的时点有（　　）。

A.支付货币资金时　　B.财政直接支付时

C.使用上年未使用财政应返还额度时　　D.预借的差旅费

5.下列（　　）能确认为预算支出。

A.归还从金融机构借款的本金　　B.报销其他应收款中的暂付款

C.支付增值税款　　D.投资活动支付的资金

四、简答题

1.什么是预算支出？如何进行确认与计量？

2.行政单位预算支出包括哪些内容？

3.事业单位预算支出包括哪些内容？

任务2　行政支出和事业支出的核算

一、判断题（判断下列各题，正确的在括号内填“√”，不正确的在括号内填“×”）

1.行政支出是指行政单位履行其职责实际发生的各项现金流出，包括预付账款。（　　）

2.行政单位收回以前年度已列为支出的款项，应当增加上年结转结余，不得冲减当年行政支出。（　　）

3.行政单位的支出，应当严格按照国家规定的开支范围和开支标准执行，用于职工待遇方面的支出，可视具体情况适当调整。（　　）

4.行政支出一般应当在支付款项时予以确认，并按照实际支付金额进行计量。（　）

5.为了核算行政单位履行其职责实际发生的各项现金流出，在预算支出要素设置“行政支出”科目。（　）

6.“行政支出”科目年终借方余额应全部转入“财政拨款结转”科目。（　）

7.事业单位应当将各项支出全部纳入单位预算，建立健全支出管理制度。（　）

8.事业支出是指事业单位开展专业业务活动及其辅助活动实际发生的各项现金流出，包括基本支出和项目支出。（　）

9.项目支出是指事业单位为了保障其正常运转、完成日常工作任务而发生的人员支出和公用支出。（　）

10.事业支出一般根据有关规定在发生款项支付时确认，并按实际支付的金额进行计量入账。（　）

11.对于用财政拨款进行的预付款项，可通过在“事业支出”科目下设置“待处理”明细科目进行明细核算。（　）

12.事业单位开展专业业务活动及其辅助活动过程中缴纳的相关税费以及发生的其他各项支出，按照实际支付的金额，借记“事业支出”科目，贷记“财政拨款预算收入”“资金结存”科目。（　）

13.期末，将“事业支出”（财政拨款支出）本期发生额结转入“其他结余”科目。（　）

二、单项选择题（从下列各题的备选答案中，选择一个正确答案，并将其字母填入括号内）

1.行政单位向单位职工个人支付薪酬时，按实际支付的金额，预算会计核算借记（　）科目，贷记“财政拨款预算收入”“资金结存”科目。

A.行政支出　　B.应付职工薪酬

C.事业支出　　D.银行存款

2.行政单位材料采购、运输过程中发生的差旅费等预算会计核算记入（　）科目。

A.经营支出　　B.其他应收款

C.行政支出　　D.其他支出

3.行政单位收回本年度已列为支出的款项时，预算会计核算贷记（　）科目。

A.经营支出　　B.事业支出

C.行政支出　　D.其他支出

4.对行政单位因购货发生的预付账款，借记（　）科目，贷记预算会计核算“财政拨款预算收入”“资金结存”科目。

A.行政支出　　B.预付账款

C.其他应付款　　D.银行存款

5.年末，应将“行政支出”科目中财政拨款支出本年发生额转入（　）科目。

A.财政拨款结转　　B.财政拨款结余

C.其他结余　　D.专用结余

6.（　　）是指事业单位为了保障其正常运转、完成日常工作任务而发生的人员支出和公用支出。

A.基本支出　　B.专款支出

C.经营支出　　D.项目支出

7.购入办公用品可直接列报支出，购入其他需储存的材料可在（　　）列报支出。

A.入库时　　B.领用时

C.预付款时　　D.购入发生的应付款时

8.购入固定资产，（　　）列报支出。

A.购入付款时　　B.到达入库时

C.经验收后　　D.投入使用时

9.事业单位收回当年支出后，一般应直接记入（　　）科目贷方，但国家有专门规定的，从其规定。

A.事业收入　　B.财政拨款结转

C.财政拨款结余　　D.事业支出

10.学校购入教学设备应列入（　　）。

A.业务费　　B.公务费

C.设备购置费　　D.其他费用

11.年终，将"事业支出"科目中非财政非专项资金支出的借方余额全数转入（　　）科目。

A.经营结余　　B.财政拨款结余

C.其他结余　　D.非财政拨款结余

三、多项选择题（从下列各题的备选答案中，选择两个或两个以上的正确答案，将其字母填入括号内）

1.行政单位为购买存货发生的资金支出，涉及预算会计的账户有（　　）。

A.行政支出　　B.财政拨款预算收入

C.资金结存　　D.银行存款

2.行政单位批准采用财政授权支付方式购置投影设备一套，不需要安装，预算会计处理中涉及的账户有（　　）。

A.固定资产　　B.零余额账户用款额度

C.行政支出　　D.资金结存

3.行政单位下列事项中，形成行政支出的有（　　）。

A.购置零星办公用品　　B.支付办公费用

C.领用库存材料　　D.支付工资

4.行政单位收回以前年度已列支的款项时，应贷记（　　）账户。

A.财政拨款结余　　B.财政拨款结转

C.非财政拨款结转　　D.其他结余

5.行政单位因退货等原因发生财政直接支付款项退回的，属于本年度支付的款项，涉及的预算会计账户有（　　）。

A.财政应返还额度　　B.财政拨款预算收入
C.资金结存　　D.行政支出

6.事业单位的支出包括（　　）。
A.行政支出　　B.事业支出
C.经营支出　　D.对附属单位补助支出

7.下列项目中，关于“事业支出”科目说法正确的有（　　）。
A.本科目核算事业单位开展专业业务活动及其辅助活动实际发生的各项现金流出
B.为从事专业业务活动及其辅助活动人员计提的薪酬等，借记本科目，贷记“应付职工薪酬”等科目
C.本科目应当按照“基本支出”和“项目支出”，“财政拨款支出”、“非财政专项资金支出”和“其他资金支出”等进行明细核算
D.开展专业业务活动及其辅助活动过程中发生预付账款时，按照实际支付的金额，借记本科目，贷记“财政拨款预算收入”“资金结存”科目

8.下列账户中，年终结转后没有余额的有（　　）。
A.事业预算收入　　B.其他结余
C.财政拨款结转　　D.事业支出

四、简答题

1.什么是行政支出和事业支出？如何进行确认与计量？

2.根据《政府会计制度——行政事业单位会计科目和报表》，说明行政支出和事业支出明细科目的设置。

3.对行政支出和事业支出的管理要求有哪些？

五、核算与分析题

（一）

【目的】掌握行政支出的账务处理。

【资料】某行政单位2021年12月发生如下经济业务：

（1）2日，采用财政直接支付方式支付本月职工薪酬50 000元。

（2）3日，以银行存款支付水电费6 800元。

（3）10日，采用财政直接支付方式支付礼堂维修费4 200元。

（4）15日，以银行存款支付订阅报纸、杂志费2 400元。

（5）20日，通过零余额账户支付电话及网络通信费3 500元。

【要求】根据上述经济业务编制预算会计分录。

（二）

【目的】掌握事业支出的账务处理。

【资料】某事业单位2021年12月发生的部分经济业务如下：

（1）3日，签发转账支票购买办公用品、用具等共计1 000元，直接交付有关专业业务部门使用。

（2）5日，通过零余额账户本月支付水电费20 000元。

（3）8日，以非财政专项资金支付办公楼大修理费460 00元，通过银行转账支付。

（4）10日，支付本月基本工资300 000元、应付津贴18 000元，代扣住房公积金26 000元、各项社会保险金28 000元、个人所得税6 000元，代扣合计60 000元，实发金额258 000元。单位承担职工住房公积金26 000元、各类保险38 000元。职工工资采用财政直接支付方式，单位承担缴纳的各类保险、住房公积金等通过零余额账户支付。

（5）期末，“事业支出”科目借方余额7 800 000元（包括项目支出2 000 000元），其中，财政拨款资金支出4 500 000元、非财政专项资金支出1 000 000元、其他资金支出2 300 000元。

【要求】根据上述资料编制预算会计分录。

任务3　上缴上级支出和对附属单位补助支出的核算

一、判断题（判断下列各题，正确的在括号内填“√”，不正确的在括号内填“×”）

1. 对附属单位补助支出和上缴上级支出属于调剂性支出，不是单位开展业务及其他活动的开支。（　）

2. “上缴上级支出”科目核算事业单位按照财政部门和主管部门的规定上缴上级单位的支出，按规定将款项上缴上级单位的，按照实际上缴的金额，借记“上缴上级支出”科目，贷记“银行存款”等科目。（　）

3. 对附属单位补助支出是行政单位用财政拨款预算收入之外的收入对附属单位补助发生的现金流出。（　）

4. 期末，将“上缴上级支出”科目本期发生额转入“非财政拨款结余”科目，借记“非财政拨款结余”科目，贷记“对附属单位补助支出”科目。（　）

5. 期末，将“对附属单位补助支出”科目本期发生额转入其他结余，借记“其他结余”科目，贷记“上缴上级支出”科目。（　）

二、单项选择题（从下列各题的备选答案中，选择一个正确答案，并将其字母填入括号内）

1.（　）是指事业单位按照财政部门和主管部门的规定上缴上级单位款项发生的现金流出。

A. 上缴上级支出　　B. 对附属单位补助支出

C. 事业支出　　D. 经营支出

2.（　）是指事业单位用财政拨款预算收入之外的收入对附属单位补助发生的现金流出。

A. 上缴上级支出　　B. 对附属单位补助支出

C. 事业支出　　D. 经营支出

三、多项选择题（从下列各题的备选答案中，选择两个或两个以上的正确答案，将其字母填入括号内）

1. “上缴上级支出”总账科目核算事业单位按照财政部门和主管部门的规定上缴上级单位款项发生的现金流出，本科目下应当按照（　）等进行明细核算。

A. 收缴款项单位

B. 缴款项目

C. 《政府收支分类科目》中“支出功能分类科目”的相关科目

D. 《政府收支分类科目》中“部门预算支出经济分类科目”的相关科目

2. “对附属单位补助支出”总账科目核算事业单位用财政拨款预算收入之外的收入对附属单位补助发生的现金流出，本科目下应当按照（　）等进行明细核算。

A. 接受补助单位

B. 补助项目

C. 《政府收支分类科目》中“支出功能分类科目”的相关科目

D. 《政府收支分类科目》中“部门预算支出经济分类科目”的相关科目

四、简答题

1. 什么是上缴上级支出？如何进行确认与计量？

2. 什么是对附属单位补助支出？如何进行确认与计量？

五、核算与分析题

（一）

【目的】掌握上缴上级支出的账务处理。

【资料】某事业单位2021年12月发生的部分经济业务如下：

（1）6日，按规定定额上缴上级单位支出50 000元。

（2）年末，将“上缴上级支出”科目余额190 000元，进行结转。

【要求】根据上述资料编制预算会计分录。

（二）

【目的】掌握对附属单位补助支出的账务处理。

【资料】某事业单位2021年12月发生的部分经济业务如下：

（1）16日，用自有资金通过银行拨付所属单位一次性补助20 000元。

（2）年末，将“对附属单位补助支出”科目余额120 000元进行结转。

【要求】根据上述资料编制预算会计分录。

任务4　债务还本支出和投资支出的核算

一、判断题（判断下列各题，正确的在括号内填“√”，不正确的在括号内填“×”）

1. 债务还本支出是指事业单位偿还自身承担的纳入预算管理的从金融机构举借的债务本金的现金流出。（　　）

2. 投资支出是指事业单位以货币资金对外投资发生的现金流出。（　　）

二、单项选择题（从下列各题的备选答案中，选择一个正确答案，并将其字母填入括号内）

1.（　　）是指事业单位偿还自身承担的纳入预算管理的从金融机构举借的债务本金的现金流出。

A. 债务还本支出　　B. 投资支出

C. 事业支出　　D. 债务支出

2.（　　）是指事业单位以货币资金对外投资发生的现金流出。

A. 债务支出　　B. 投资支出

C. 事业支出　　D. 经营支出

三、多项选择题（从下列各题的备选答案中，选择两个或两个以上的正确答案，将其字母填入括号内）

1. 年末将债务还本支出本年发生额进行结转，涉及的预算会计科目有（　　）。

A. 其他结余　　B. 债务还本支出

C.非财政拨款结转　　D.非财政拨款结余

2.以货币资金对外投资时，涉及的预算会计科目有（　　）。

A.资金结存　　B.投资支出

C.事业支出　　D.经营支出

3.年末将投资支出本年发生额进行结转，涉及的预算会计科目有（　　）。

A.其他结余　　B.投资支出

C.非财政拨款结转　　D.非财政拨款结余

四、简答题

1.什么是债务还本支出？如何进行确认与计量？

2.什么是投资支出？如何进行确认与计量？

五、核算与分析题

（一）

【目的】掌握债务还本支出的账务处理。

【资料】某事业单位2021年12月发生如下债务还本支出业务：

（1）2日，用银行存款偿还了前期的100 000元借款，并支付利息5 000元。

（2）年末，将债务还本支出本年发生额100 000元进行结转。

【要求】根据上述资料编制预算会计分录。

（二）

【目的】掌握投资支出的账务处理。

【资料】某事业单位2021年12月发生如下投资支出业务：

（1）5日，用银行存款500 000元购买了500 000元面值的3年期国债，年利率为5%，到期一次还本付息，另外用银行存款支付了手续费等1 500元；3年后国债到期全部兑付收回本息。

（2）年末，将投资支出本年发生额500 000元进行结转。

【要求】根据上述资料编制预算会计分录。

任务5　经营支出和其他支出的核算

一、判断题（判断下列各题，正确的在括号内填“√”，不正确的在括号内填“×”）

1. 经营支出是指事业单位在专业业务活动及其辅助活动之外开展非独立核算经营活动实际发生的各项现金流出。（　　）

2. 单位发生的罚没支出属于其他支出事项。（　　）

3. 现金盘亏发生的损失应列为经营支出。（　　）

4. 单位发生利息支出、捐赠支出等其他支出金额较大或业务较多的，必须用其他支出科目核算，不可以单独设置“利息支出”“捐赠支出”等科目。（　　）

5. 事业单位经营支出和经营预算收入应当配比。（　　）

二、单项选择题（从下列各题的备选答案中，选择一个正确答案，并将其字母填入括号内）

1. 下列项目中，关于“经营支出”科目说法错误的是（　　）。

A. 事业单位的经营支出与经营预算收入应当配比

B. 本科目应当按照经营活动类别、项目、《政府收支分类科目》中“支出功能分类科目”的相关科目等进行明细核算

C. 本科目核算事业单位在专业业务活动及其辅助活动中所发生的支出

D. 事业单位开展非独立核算经营活动的，应当正确归集开展经营活动发生的各项费用数；无法直接归集的，应当按照规定的标准或比例合理分摊

2.下列项目中，关于“其他支出”科目说法错误的是（　　）。

A.期末结转后，本科目应为借方余额

B.支付银行借款利息时，借记本科目，贷记“资金结存”科目

C.本科目应当按照其他支出的类别、《政府收支分类科目》中“支出功能分类科目”的相关科目等进行明细核算

D.期末，将本科目本期发生额中的非财政专项资金支出结转入非财政拨款结转，借记“非财政拨款结转”科目，贷记本科目下各专项资金支出明细科目

三、多项选择题（从下列各题的备选答案中，选择两个或两个以上的正确答案，将其字母填入括号内）

1.开展经营活动中为购买固定资产从零余额账户支付相关款项涉及的预算会计科目有（　　）。

A.经营支出　　B.资金结存

C.银行存款　　D.零余额账户用款额度

2.其他支出是指单位除行政支出、事业支出、经营支出、上缴上级支出、对附属单位补助支出、投资支出、债务还本支出以外的各项现金流出，包括（　　）、对外捐赠现金支出、接受捐赠（调入）和对外捐赠（调出）非现金资产发生的税费支出、资产置换过程中发生的相关税费支出等。

A.利息支出　　B.现金盘亏损失

C.对外捐赠存货　　D.罚没支出

四、简答题

1.什么是经营支出？如何进行确认与计量？

2.什么是其他支出？包括哪些内容？如何进行确认与计量？

3.说明事业支出和经营支出的区别。

五、核算与分析题

（一）

【目的】掌握经营支出的账务处理。

【资料】某事业单位2021年12月发生如下经营性支出业务：

（1）6日，非独立核算的食堂对外承办酒席，取得营业收入5 000元，适用的增值税税率为3%；发生材料、人工费支出3 000元。

（2）16日，非独立核算车队本月从银行提取现金2 500元发工资，其中基本工资2 000元，独生子女费200元，补助工资300元，代扣房租150元，扣回水电费300元。

（3）22日，支付该车队修理车费500元。

（4）期末，将“经营支出”科目借方余额860 000元进行结转。

【要求】根据上述资料编制预算会计分录。

（二）

【目的】掌握事业单位其他支出的账务处理。

【资料】某事业单位2021年12月发生如下经济业务：

（1）6日，支付上月银行借款利息2 000元。

（2）9日，给希望工程捐赠现金5 000元。

（3）16日，现金盘点时，发现现金短缺120元，无法查明原因，领导批准核销。

（4）22日，处置存货过程中，发生人工搬运费2 500元，以现金支付。

（5）期末，将“其他支出”科目余额500 000元（其中专项资金支出150 000元）进行结转。

【要求】根据上述资料编制预算会计分录。

综合训练

一、业务处理题

1.某行政单位2021年12月发生下列经济业务：

（1）2日，收回本年度财政直接支付的用于基本支出的资金150 000元。

（2）10日，通过财政授权支付方式预付购买存货款60 000元。

（3）12日，使用零余额账户支付了一笔外聘人员劳务费共计38 000元，按照规定代扣代缴个人所得税980元。

（4）20日，采用财政直接支付方式支付本单位职工的职工薪酬860 000元。

（5）22日，用财政拨款直接购买一项专利，经评估该项专利价值为189 000元，另发生其他税费金额为1 000元。

（6）25日，收到“财政直接支付入账通知书”，已通过财政直接支付方式支付了采购的政府储备物资货款，共计750 000元。

（7）年末，将“行政支出”科目本年发生额450 000元转入财政拨款结转。

（8）年末，将“其他支出”科目本年发生额56 000元转入其他结余。

【要求】根据上述经济业务进行相关的预算会计处理。

2.某文化事业单位2021年12月发生下列经济业务：

（1）2日，收到代理银行转来的“财政直接支付入账通知书”及相关原始凭证，支付新入职人员岗前培训费56 000元。

（2）5日，以财政授权支付方式支付上月水费85 000元。

（3）6日，发放本月职工薪酬。本月职工基本工资为600 000元，统一津贴补贴按工资的5%计提。社会保险费单位缴纳部分为基本工资的33.5%，住房公积金单位缴纳部分为基本工资的12%。通过财政直接支付并发放完毕。

（4）12日，用上级主管部门拨入的专项经费（非财政资金）支付项目调研费15 000元，通过银行转账结算。

（5）20日，以现金发放附属的非独立核算单位临时聘用人员劳务费6 000元，代扣个人所得税30元。

（6）22日，为支持社会公益事业，以银行转账方式向某福利院捐赠50 000元。

【要求】根据上述经济业务进行相关的预算会计处理。

二、实训题

【实训目的】熟悉事业支出业务中常见原始凭证；掌握事业支出账务处理技能。

【实训资料】

1.基本资料

事业单位名称：甲事业单位

开户行：中国工商银行太原市下元支行

基本户账号：1801001122001008888

单位地址：太原市迎泽区五一东街28号，电话：0351-6213×××

法人：陈××

会计核算遵循《政府会计准则——基本准则》及政府会计准则的具体准则、《政府会计制度——行政事业单位会计科目和报表》等。

2.业务资料

甲事业单位2021年12月部分事业支出业务资料如下：

业务1：购买办公用品

（购买办公用品发票）

业务2：收到银行转来的“委托收款”凭证，通过零余额账户支付上月水费、电费、电话费等。

（委托收款凭证，中国工商银行转账支付票样，水费、电费、电话费结算单等）

业务3：通过财政直接支付购买车辆款

（财政直接支付申请书、“财政直接支付入账通知书”、购置车辆增值税专用发票等）

【实训要求】根据实训资料填制、审核原始凭证，编制记账凭证，登记会计账簿。

案例分析

某省级文教事业单位由于2021年上半年取得的事业收入超出预算较多，申请根据实际超收收入调整增加2021年下半年日常公用经费基本支出预算中的出国考察费。会议建议审核同意并报省财政厅。

2021年上半年预算执行中由于该单位人员经费不足，将单位财政基本支出结转资金中日常公用经费结转用于发放规定标准的补贴。

【要求】根据部门预算管理、政府会计制度等有关规定，逐项判断上述业务是否正确，如不正确分别说明理由。

项目四

预算结余的核算

任务1 预算结余概述

一、判断题（判断下列各题，正确的在括号内填“√”，不正确的在括号内填“×”）

1. 预算结余是指政府会计主体预算年度内预算收入扣除预算支出后的资金余额，以及历年滚存的资金余额。（ ）

2. 结转资金是指年度预算执行终了，预算收入实际完成数扣除预算支出和结转资金后剩余的资金。（ ）

3. 预算结余不能单独确认和计量，必须依附于预算收入与预算支出进行确认和计量。（ ）

4. 各项结转结余是累计预算收支差额，余额在贷方。（ ）

5. 资金结存（借方余额）=期末各项结转结余（贷方余额）。（ ）

6. 符合预算收入、预算支出和预算结余定义及其确认条件的项目应当列入政府决算报表。（ ）

二、单项选择题（从下列各题的备选答案中，选择一个正确答案，并将其字母填入括号内）

1. 下列各项中属于预算结余类科目的是（ ）。

A. 累计盈余　　B. 银行存款

C. 财政拨款结余　　D. 本期盈余

2.（ ）是纳入预算管理的货币资金，其科目余额在借方。

A. 资金结存　　B. 财政拨款结余

C. 财政拨款预算收入　　D. 财政拨款结转

三、多项选择题（从下列各题的备选答案中，选择两个或两个以上的正确答案，将其字母填入括号内）

1. 预算结余是指政府会计主体预算年度内预算收入扣除预算支出后的资金余额，以及历年滚存的资金余额，包括（ ）。

A. 结余资金　　B. 结转资金

C. 财政拨款预算收入　　D. 资金结存

2. 根据《政府会计制度——行政事业单位会计科目和报表》，预算结余包括（ ）。

A. 资金结存　　B. 银行存款

C. 财政拨款结余　　D. 各项结转结余。

3. 下列选项中，属于行政单位预算结余类科目的有（ ）。

A. 财政拨款结转　　B. 无偿调拨净资产

C. 待偿债净资产　　D. 其他结余

四、简答题

1. 什么是预算结余？如何进行确认与计量？

2. 说明行政单位预算结余和事业单位预算结余的内容是否相同？如有不同，说明不同之处。

任务2　资金结存的核算

一、判断题（判断下列各题，正确的在括号内填“√”，不正确的在括号内填“×”）

1. 资金结存是纳入预算管理的货币资金，其科目余额在借方。　（　）

2. “资金结存”科目下的“零余额账户用款额度”明细科目核算实行国库集中支付的单位根据财政部门批复的用款计划收到和支用的零余额账户用款额度。年末结账后，本明细科目应无余额。　（　）

3. 预算资金流入时，资金结存增加，应记入其贷方。　（　）

4. 预算资金流出时，资金结存减少，应记入其借方。　（　）

5. 财政授权支付方式下，单位根据代理银行转来的“财政授权支付额度到账通知书”，按照通知书中的授权支付额度，借记“资金结存”科目（零余额账户用款额度），贷记“财政拨款收入”科目。　（　）

6. 财政直接支付方式下，单位根据“财政直接支付入账通知书”，按照通知书中的支付额度，借记“资金结存”科目，贷记“财政拨款收入”科目。　（　）

7. “资金结存”科目年末贷方余额，反映单位预算资金的累计滚存情况。　（　）

8. 从零余额账户提取现金时，不涉及资金结存总量的变化，所以无须进行账务处理。　（　）

二、单项选择题（从下列各题的备选答案中，选择一个正确答案，并将其字母填入括号内）

1. “资金结存”科目是（　　）类科目。

A.预算结余　　B.负债
C.收入　　D.净资产

2.事业单位收到下列（　　）款项，会引起资金结存增减变化。
A.收到捐赠收入　　B.收到财政部门预拨的下年财政经费
C.收到代管的银行存款　　D.收到应上缴财政的固定资产变价收入

3.事业单位支付下列（　　）款项，不会引起资金结存增减变化。
A.支付其他应收款中的暂付款　　B.预付货物款
C.支付增值税款　　D.归还从金融机构借款的本金

三、多项选择题（从下列各题的备选答案中，选择两个或两个以上的正确答案，将其字母填入括号内）

1.“资金结存”科目下根据核算需要，《政府会计制度——行政事业单位会计科目和报表》设置了下列（　　）明细科目。
A.零余额账户用款额度　　B.货币资金
C.财政应返还额度　　D.银行存款

2.资金结存是指单位纳入部门预算管理的资金的流入、流出、调整和滚存等情况。下列（　　）不属于资金结存的资金。
A.收取的押金　　B.受托代理的资金
C.应缴财政的资金　　D.从银行借来的资金

3.引起资金结存增减变化的事项有（　　）。
A.收到增值税销项税款　　B.收到受托代理的资金
C.收到应缴财政的资金　　D.支付银行借款本金

四、简答题

1.什么是资金结存？包括哪些内容？

2.说明资金结存明细科目的设置。

五、核算与分析题

【目的】掌握预算单位资金结存的账务处理。

【资料】某预算单位2021年12月发生如下经济业务：

1. 实行国库集中核算，收到“财政授权支付额度到账通知书”，本年度用款额度为3 000万元。

2. 通过财政授权支付方式支付开展专业业务活动水电费2万元。

3. 年末注销未用完的零余额账户用款额度500万元，转为财政应返还额度。

4. 年末，单位本年度财政授权支付预算指标数为3 200万元，大于零余额账户用款额度下达数3 000万元，未下达的用款额度为200万元。

5. 单位收到财政部门批复的上年未下达零余额账户用款额度200万元。

【要求】根据上述经济业务编制预算会计分录。

任务3 财政拨款结转结余的核算

一、判断题（判断下列各题，正确的在括号内填“√”，不正确的在括号内填“×”）

1. 财政拨款结转是指单位滚存的财政拨款结转资金，包括基本支出结转和项目支出结转。（ ）

2. 因发生会计差错更正退回以前年度财政直接支付、授权支付款项或财政性货币资金，或者因发生会计差错更正增加以前年度财政直接支付、授权支付支出或财政性货币资金支出，属于以前年度财政拨款结转资金的，借记或贷记“资金结存——财政应返还额度、零余额账户用款额度、货币资金”科目，贷记或借记“财政拨款结转”科目（年初余额调整）。（ ）

3. 财政拨款结余年末贷方余额，反映单位滚存的财政拨款结余资金数额。（ ）

4. 因购货退回、预付款项收回等发生以前年度支出又收回财政直接支付、授权支付款项或收回财政性货币资金，属于以前年度财政拨款结转资金的，借记“资金结存——财政应返还额度、零余额账户用款额度、货币资金”科目，贷记“财政拨款结转”科目（年初余额调整）。（ ）

5. 经财政部门批准对财政拨款结余资金改变用途，调整用于本单位基本支出或其他未完成项目支出的，按照批准调剂的金额，借记“财政拨款结余——单位内部调剂”科目，贷记“财政拨款结转——单位内部调剂”科目。（ ）

6. 按照规定上缴财政拨款结余资金或注销财政拨款结余资金额度的，按照实际上缴资金数额或注销的资金额度数额，借记“财政拨款结余——归集上缴”科目，贷记“资金结存——财政应返还额度、零余额账户用款额度、货币资金”科目。（　　）

二、单项选择题（从下列各题的备选答案中，选择一个正确答案，并将其字母填入括号内）

1. 预算结余类科目年末结账后，不能出现余额的科目有（　　）。

A. 财政拨款结余　　B. 非财政拨款结余

C. 专用结余　　D. 其他结余

2. “财政拨款结转”总账科目下的（　　）明细科目年末结转后仍有余额。

A. 年初余额调整　　B. 归集调出

C. 本年收支结转　　D. 累计结转

3. “财政拨款结余”总账科目下的（　　）明细科目年末结转后仍有余额。

A. 年初余额调整　　B. 归集上缴

C. 结转转入　　D. 累计结余

4. “财政拨款结转”科目是（　　）类科目。

A. 预算结余　　B. 负债

C. 收入　　D. 净资产

5. 下列各项中，关于“财政拨款结余”科目说法错误的是（　　）。

A. 本科目期末借方余额，反映单位滚存的财政拨款结余资金数额

B. 预算单位发生需要调整以前年度支出收回事项的需要调整财政拨款结余的金额，通过本科目核算

C. 本科目应当按照《政府收支分类科目》中“支出功能分类科目”的相关科目进行明细核算

D. 财政拨款结余资金是指支出预算工作目标已完成，或由于受政策变化、计划调整等因素影响工作终止，当年剩余的财政拨款资金

三、多项选择题（从下列各题的备选答案中，选择两个或两个以上的正确答案，将其字母填入括号内）

1. 因购货退回、预付款项收回等发生以前年度支出又收回财政直接支付、授权支付款项或收回财政性货币资金，属于以前年度财政拨款结转结余资金的，借记“资金结存——财政应返还额度、零余额账户用款额度、货币资金”科目，贷记（　　）科目（年初余额调整）。

A. 财政拨款结转　　B. 财政拨款结余

C. 非财政拨款结转　　D. 非财政拨款结余

2. 按照规定从其他单位调入财政拨款结转资金的，按照（　　），借记“资金结存——财政应返还额度、零余额账户用款额度、货币资金”科目，贷记“财政拨款结转”科目（归集调入）。

A. 实际调增的额度数额　　B. 调入的资金数额

C. 实际调减的额度数额　　D. 调出的资金数额

3. 按照《政府会计制度——行政事业单位会计科目和报表》，“财政拨款结转”科目

应设置的明细科目有（　　）。

A.本年收支结转　　B.年初余额调整

C.归集上缴和归集调出　　D.单位内部调剂

4.按照《政府会计制度——行政事业单位会计科目和报表》，“财政拨款结余”科目应设置的明细科目有（　　）。

A.结转转入　　B.年初余额调整

C.归集上缴　　D.单位内部调剂

四、简答题

1.什么是财政拨款结转？核算的内容是什么？设置哪些明细科目？

2.什么是财政拨款结余？核算的内容是什么？设置哪些明细科目？

五、核算与分析题

【目的】掌握预算单位财政拨款结转结余的账务处理。

【资料】某预算单位2021年12月末发生下列会计事项：

（1）本年财政拨款收入累计发生额为500 000元（其中A项目80 000元，B项目100 000元），本年财政拨款支出440 000元（其中A项目70 000元，B项目60 000元），A项目已完工，结余资金留归本单位使用。B项目未完工。

（2）该预算单位接到财政部门通知，财政部门收回该单位本年未用完的财政拨款结余资金及财政应返还额度（财政直接支付）50 000元，同意该单位将已经完成A项目的财政拨款结余资金10 000元用于尚未完成的B项目。

（3）因发生差错更正，需要调增财政拨款结转的金额为22 000元，款项已存入银行。

（4）按照有关规定从其他单位调入财政拨款结余资金180 000元，款项已存入零余额账户。

（5）按照有关规定将符合财政拨款结余性质的项目余额4 500元转入“财政拨款结余”科目。

【要求】根据上述经济业务编制预算会计分录。

任务4 非财政拨款结转和结余的核算

一、判断题（判断下列各题，正确的在括号内填“√”，不正确的在括号内填“×”）

1. 非财政拨款结转、非财政拨款结余和其他结余都是预算结余科目，本质上没有区别，科目可互用。（ ）

2. 非财政拨款结转和结余是指单位除财政拨款收支以外的各项收入与各项支出相抵后的余额。（ ）

3. 非财政拨款结转是指单位除财政拨款收支以外的各专项资金收入与其相关支出相抵后剩余滚存的、须按规定用途使用的结转资金，按照规定可以结转下一年度继续使用。（ ）

4. 专用结余核算事业单位按照规定从非财政拨款结余中提取的具有专门用途的资金的变动和滚存情况。（ ）

5. 经营结余是指事业单位本年度经营活动收支相抵后余额弥补以前年度经营亏损后的余额。（ ）

6. 经营结余年末结账后，本科目一般无余额；如为借方余额，反映事业单位累计发生的经营亏损。（ ）

7. 其他结余是指单位本年度除财政拨款收支、非同级财政专项资金收支和经营收支以外各项收支相抵后的余额。（ ）

8. 其他结余年末结账后应无余额。（ ）

9. 非财政拨款结余分配是指事业单位本年度非财政拨款结余分配的情况和结果。（ ）

10. 预算单位已完工项目的非财政拨款结余，按规定留归本单位使用的，应转入“其他结余”科目。（ ）

11. 年末，行政单位将“其他结余”科目余额结转入“非财政拨款结余分配”科目，借记或贷记“其他结余”科目，贷记或借记“非财政拨款结余分配”科目。（ ）

12. 事业单位会计中，“经营结余”科目如为借方余额则不转入非财政拨款结余分配。（ ）

13. 年末，事业单位将“经营结余”科目贷方余额结转入“非财政拨款结余分配”科目，借记“经营结余”科目，贷记“非财政拨款结余分配”科目。（ ）

二、单项选择题（从下列各题的备选答案中，选择一个正确答案，并将其字母填入括号内）

1. 预算结余类科目年末结账后，不能出现余额的科目有（ ）。

A. 财政拨款结余　　B. 非财政拨款结余

C. 专用结余　　D. 其他结余

2.（ ）是指事业单位本年度经营活动收支相抵后余额弥补以前年度经营亏损后

的余额。

A.财政拨款结余　　B.非财政拨款结余

C.经营结余　　D.其他结余

3.“非财政拨款结转”总账科目下的（　　）明细科目年末结转后仍有余额。

A.年初余额调整　　B.缴回资金

C.本年收支结转　　D.累计结转

4.“非财政拨款结余”总账科目下的（　　）明细科目年末结转后仍有余额。

A.年初余额调整　　B.项目间接费用或管理费

C.结转转入　　D.累计结余

5.下列各项中，关于规范非财政拨款结转、结余及其分配的会计核算的说法正确的是（　　）。

A.事业单位为了核算本年度非财政拨款结余分配的情况和结果在净资产要素设置“非财政拨款结余分配”科目

B.设置“非财政拨款结转”“其他结余”“经营结余”等科目

C.符合“非财政拨款结转结余不参与事业单位的结余分配、不转入专用结余”

D.有助于进一步规范事业单位的支出和分配行为，促进事业单位健康、可持续发展

6.非财政拨款结余分配是指事业单位本年度非财政拨款结余分配的情况和结果。根据有关规定提取专用基金的，按照提取的金额，借记“非财政拨款结余分配”科目，贷记（　　）科目。

A.专用结余　　B.非财政拨款结余

C.其他结余　　D.经营结余

7.行政单位的非财政拨款结余主要来自（　　）科目的结转转入。

A.专用结余　　B.非财政拨款结余

C.其他结余　　D.经营结余

8.事业单位年终结账时，下列各类结余科目的余额，不应转入“非财政拨款结余分配”科目的是（　　）。

A.“其他结余”科目借方余额　　B.“其他结余”科目贷方余额

C.“经营结余”科目借方余额　　D.“经营结余”科目贷方余额

9.某事业单位当年实现其他结余200 000元，经营结余300 000元。假设该单位经营结余应按25%的税率缴纳企业所得税，按当年其他结余和经营结余的10%提取职工福利基金，则结转到非财政拨款结余的未分配结余为（　　）元。

A.375 000　　B.401 000

C.450 000　　D.500 000

10.年末，事业单位将“非财政拨款结余分配”科目余额转入（　　）科目。

A.专用结余　　B.非财政拨款结余

C.其他结余　　D.财政拨款结余

三、多项选择题（从下列各题的备选答案中，选择两个或两个以上的正确答案，将其字母填入括号内）

1.下列预算结余类（　　）科目年末结转后没有余额。

A.专用结余　　B.非财政拨款结余

C.其他结余　　D.经营结余

2.年末，将（　　）“上级补助预算收入”“附属单位上缴预算收入”“其他预算收入”科目本年发生额中的专项资金收入转入“非财政拨款结转”科目的贷方。

A.事业预算收入　　B.非同级财政拨款预算收入

C.经营预算收入　　D.债务预算收入

3.年末，将（　　）科目本年发生额中的非财政拨款专项资金支出转入“非财政拨款结转”科目的借方。

A.行政支出　　B.事业支出

C.其他支出　　D.经营支出

4.通过“非财政拨款结余”核算的会计事项有（　　）。

A. 按照规定从科研项目预算收入中提取项目间接费用或管理费

B. 有企业所得税缴纳义务的事业单位实际缴纳企业所得税时

C. 年末，将留归本单位使用的非财政拨款专项（项目已完成）剩余资金转入

D. “其他结余”科目余额转入

5.年末冲销事业单位非财政拨款结余有关明细科目余额。将“非财政拨款结余”科目（　　）明细科目余额结转入“累计结余”明细科目。结转后，本科目除“累计结余”明细科目外，其他明细科目应无余额。

A.年初余额调整　　B.项目间接费用或管理费

C.结转转入　　D.归集调入

6.非财政拨款结余分配是指事业单位本年度非财政拨款结余分配的情况和结果。年末结转转入的科目有（　　）。

A.专用结余　　B.非财政拨款结余

C.其他结余　　D.经营结余

四、简答题

1.什么是非财政拨款结转？核算的内容是什么？设置哪些明细科目？

2.什么是非财政拨款结余？核算的内容是什么？设置哪些明细科目？

3. 什么是专用结余？并说明其来源。

五、核算与分析题

【目的】掌握非财政拨款结转结余等的账务处理。

【资料】某预算单位2021年12月末发生下列非财政拨款结转和结余等会计事项。

（1）将非财政非专项的事业预算收入1 200 000元、上级补助预算收入160 000元、附属单位上缴预算收入220 000元、其他预算收入800 000元、经营预算收入2 400 000元，进行年末结转。

（2）将非财政非专项的事业支出1 320 000元、上缴上级支出350 000元、对附属单位补助支出180 000元、其他支出455 000元、经营支出1 815 000元，进行年末结转。

（3）乙专项工程完工后，工程资金来源为非财政拨款专项资金，按规定将该工程剩余资金10 000元留归本单位使用。

（4）年终计提职工福利基金50 000元，计提后将“非财政拨款结余分配”账户贷方余额180 000元转账。

（5）用专用基金支付职工福利费6 000元，以银行存款付讫。

（6）按照规定标准对横向A科研项目提取管理费50 000元；使用提取的项目管理费用于科研管理开支15 000万元。

【要求】根据上述经济业务编制预算会计分录。

综合训练

一、业务处理题

某事业单位2021年12月31日有关非财政非专项资金收入支出账户余额见表4-1。

表4-1　2021年12月31日有关非财政非专项资金收入支出账户余额　单位：元

账户名称	年终余额
附属单位上缴预算收入	13 000
上级补助预算收入	50 000
事业预算收入	300 000
其他预算收入	60 000
经营预算收入	800 000
事业支出	150 000
上缴上级支出	35 000
对附属单位补助支出	30 000
其他支出	7 000
经营支出	660 000

按规定该事业单位开展经营活动应缴纳企业所得税，适用的企业所得税税率为25%，计提职工福利基金的比例为20%。

【要求】根据上述经济资料编制有关年终转账的预算会计分录，并计算出该年度经营结余应缴所得税、计提的职工福利基金及应转入非财政拨款结余的数额。

二、实训题

【实训目的】熟悉结转结余业务中常见原始凭证；掌握结转结余账务处理技能。

【实训资料】甲文化事业单位2021年12月31日非财政拨款收入（非专项资金收入）和支出（非专项资金支出）的相关科目业务资料见表4-1。

【实训要求】根据实训资料填制、审核原始凭证，填制记账凭证，登记会计账簿。

案例分析

甲事业单位2021年12月末发生下列经济业务：

（1）将留归单位使用的非财政拨款专项（项目已完成）剩余资金15 000元转入非财政拨款结余。

（2）将已完工项目的财政拨款结转资金余额20 000元转入非财政拨款结余。

（3）本年经营预算收入380 000元，经营支出400 000元，将经营结余-20 000元转入非财政拨款结余分配。

（4）未经财政部门批准同意，将非财政专项经费结余800 000元进行分配，将40%计入事业发展基金，按30%计提公益金，用30%直接发放奖金。

【要求】请分析该单位以上业务的做法是否符合事业单位相关财务规定。如符合规定，如何做账务处理；如不符合规定，说出原因，如何更正。

学习领域三

财务会计核算

项目五

行政事业单位资产的核算

任务1 资产概述

一、判断题（判断下列各题，正确的在括号内填“√”，不正确的在括号内填“×”）

1. 由行政事业单位直接支配，供社会公众使用的政府储备物资、公共基础设施等，不属于行政事业单位资产的核算内容。 （ ）

2. 零余额账户用款额度是行政事业单位财政授权支付额度，不同于银行存款，是行政事业单位的一项特殊资产。 （ ）

3. 财政应返还额度是实行国库集中支付的行政事业单位应收财政返还的资金。 （ ）

4. 流动资产是指预计在1年内（含1年）耗用或者可以变现的资产，包括货币资金、短期投资、应收及预付款项、存货等。 （ ）

5. 行政单位应收款项包括应收账款、预付账款、应收票据、其他应收款等。 （ ）

6. 行政单位资产包括库存现金、银行存款、零余额账户用款额度、财政应返还额度、应收及预付款项、存货等。 （ ）

7. 事业单位在确认资产时，通常按照取得资产时所发生的实际成本进行计量。 （ ）

8. 在事业单位资产管理中，会存在一些无法可靠计量的资产，但要求登记入账，制度规定，要求以名义金额对资产进行计量，并在资产负债表中反映。 （ ）

9. 事业单位的资产中不包括待摊费用以及长期待摊费用。 （ ）

10. 事业单位取得资产时没有支付对价的资产金额计量顺序为：计量金额应当按照有关凭据注明的金额加上相关税费、运输费等确定；没有相关凭据的，其计量金额比照同类或类似资产的市场价格加上相关税费、运输费等确定；没有相关凭据、同类或类似资产的市场价格也无法可靠取得的，所取得的资产应当按照名义金额入账。 （ ）

二、单项选择题（从下列各题的备选答案中，选择一个正确答案，并将其字母填入括号内）

1. 行政单位的资产中不包括（ ）。

A. 流动资产　　B. 无形资产

C. 长期资产　　D. 固定资产

2. 下列不属于行政事业单位固定资产的是（ ）。

A. 房屋及建筑物　　B. 家具、用具

C. 公共基础设施　　D. 通用设备

3. 行政事业单位直接储存管理的各项政府应急或救灾物资是（ ）。

A. 政府储备物资　　B. 固定资产

C. 公共基础设施　　D. 存货

4. 下列不属于行政单位流动资产的是（　　）。

A. 银行存款　　B. 应收票据

C. 预付账款　　D. 其他应收款

5. 下列不属于行政单位非流动资产的是（　　）。

A. 固定资产　　B. 无形资产

C. 在建工程　　D. 长期投资

三、多项选择题（从下列各题的备选答案中，选择两个或两个以上的正确答案，将其字母填入括号内）

1. 行政事业单位资产的特点有（　　）。

A. 能够以货币计量　　B. 被单位控制

C. 是一种经济资源　　D. 到期需要偿还

2. 下列属于行政事业单位固定资产的是（　　）。

A. 房屋及建筑物　　B. 家具、用具

C. 公共基础设施　　D. 通用设备

3. 行政单位流动资产包括（　　）。

A. 固定资产　　B. 货币资产

C. 应收及预付款项　　D. 存货

4. 行政单位非流动资产包括（　　）。

A. 固定资产　　B. 无形资产

C. 在建工程　　D. 公共基础设施

5. 行政事业单位的存货有（　　）。

A. 材料

B. 燃料

C. 低值易耗品

D. 未达到固定资产标准的用具、装具、动植物

6. 无形资产是指行政事业单位控制的没有实物形态的可辨认非货币性资产，主要包括（　　）。

A. 专利权和非专利技术　　B. 土地使用权

C. 商标权　　D. 商誉

E. 著作权

四、简答题

1. 行政事业单位的资产包括哪些内容？

2. 行政事业单位资产确认的条件有哪些?

任务2　流动资产的核算

一、判断题（判断下列各题，正确的在括号内填“√”，不正确的在括号内填“×”）

1. 行政事业单位应当设置“库存现金日记账”，由出纳人员根据收付款凭证，按照业务发生顺序逐笔登记。每日终了，应当计算当日的现金收入合计数、现金支出合计数和结余数，并将结余数与实际库存数核对，做到账款相符。（　）

2. 行政事业单位发生外币业务的，应当按照业务发生当日的即期汇率，将外币金额折算为人民币金额记账，并登记外币金额和汇率。（　）

3. “银行存款日记账”应定期与“银行对账单”核对，至少每月核对一次。季度终了，事业单位银行存款账面余额与银行对账单余额之间如有差额，必须逐笔查明原因并进行处理，按季编制“银行存款余额调节表”，调节相符。（　）

4. 行政事业单位随买随用的零星办公用品，可以在购进时直接列作费用，不通过“库存物品”科目核算。（　）

5. 行政事业单位对于盘盈、盘亏的库存物品，应首先记入“待处理财产损溢”账户，做到账实相符，然后根据查明的原因进行处理。（　）

6. 单位为在建工程购买和使用的材料物资，应当通过“工程物资”科目核算，不通过“库存物品”科目核算。（　）

7. 零余额账户用款额度只用于财政授权支付的清算。（　）

8. 小规模纳税人的事业单位，购进货物无论是否取得增值税专用发票，其支付的增值税均不得计入购进货物的采购成本。（　）

9. 属于增值税一般纳税人的单位，若因非正常原因导致的库存物品盘亏或毁损，还应当将与该库存物品相关的增值税进项税额转出，按照其增值税进项税额，借记“待处理财产损溢”科目，贷记“应交增值税——应交税金（进项税额转出）”科目。（　）

10. “在途物品”科目核算单位自制或委托外单位加工的各种物品的实际成本。（　）

11. 拨付给内部有关部门的备用金，应列为预付账款。（　）

12. 事业单位应当于每年年末，对收回后不需上缴财政的应收账款进行全面检查，如发生不能收回的迹象，应当计提坏账准备。（　）

二、单项选择题（从下列各题的备选答案中，选择一个正确答案，并将其字母填入括号内）

1.行政事业单位长出的现金在未查明原因之前可先做（　　）处理。

A.其他应收款　　B.其他应付款

C.其他收入　　D.待处理财产损溢

2.有外币业务的行政事业单位发生汇兑收益时应做（　　）处理。

A.其他收入　　B.预算外资金收入

C.应缴财政款　　D.冲减当期费用

3.行政事业单位购买材料、固定资产发生的差旅费应（　　）。

A. 计入材料成本和固定资产的原价

B. 不应计入材料成本和固定资产的原价

C. 购买材料的差旅费计入材料成本，购入固定资产的差旅费不计入固定资产原价

D. 购入材料的差旅费不计入材料成本，购入固定资产的差旅费计入固定资产原价

4.根据《事业单位财务规则》(财政部令第108号)，事业单位固定资产的单位价值应在（　　）以上。

A.500元　　B.1 500元

C.800元　　D.1 000元

5.“其他应收款”科目属于（　　）类科目。

A.负债　　B.资产

C.收入　　D.支出

6.下列项目中，关于“银行存款”科目，说法错误的是（　　）。

A. “银行存款”科目核算行政事业单位存入银行或其他金融机构的各种存款

B. “银行存款”科目期末借方余额，反映行政事业单位实际存放在银行或其他金融机构的款项

C. 行政事业单位应当严格按照国家有关支付结算办法的规定办理银行存款收支业务，并按照会计制度规定核算银行存款的各项收支业务

D. 行政事业单位应当按开户银行或其他金融机构、存款种类及币种等，分别设置“银行存款日记账”，由出纳人员根据收付款凭证，按照业务的发生顺序逐笔登记，每月终了应结出余额

7.“财政应返还额度”科目属于（　　）类科目。

A.资产　　B.负债

C.收入　　D.支出

8.实行国库集中支付的行政事业单位，在财政授权支付方式下，收到代理银行盖章的“财政授权支付额度到账通知书”时，根据通知书所列数额，财务会计借记（　　）科目，贷记“财政拨款收入”科目。

A.库存现金　　B.财政应返还额度

C.银行存款　　D.零余额账户用款额度

9.某事业单位购买自用材料一批，材料买价100 000元，支付往返运杂费8 000元，增值税税额13 000元，则该批材料入账金额为（　　）元。

A.108 000　　B.92 000

C.121 000　　D.113 000

10.下列项目中，关于购入库存物品的主要账务处理，说法错误的是（　　）。

A.购入的库存物品，其成本包括购买价款、相关税费、运输费、装卸费、保险费以及其他使得存货到达目前场所和达到目前状态所发生的其他支出

B.单位按照税法规定属于增值税一般纳税人的，其购进非自用（如用于生产对外销售的产品）材料所支付的增值税款也应计入材料成本

C.购入的库存物品验收入库，按确定的成本，借记“库存物品”科目，贷记“银行存款”“应付账款”“财政拨款收入”“零余额账户用款额度”等科目

D.属于增值税一般纳税人的单位购入非自用材料的，按确定的成本（不含增值税进项税额），借记“库存物品”科目，按增值税专用发票上注明的增值税税额，借记“应交增值税——应交税金”科目，按实际支付或应付的金额，贷记“银行存款”“应付账款”等科目

11.下列项目中，关于库存物品的清查盘点，说法错误的是（　　）。

A.单位的库存物品应当定期进行清查盘点，每半年至少盘点一次

B.对于发生的库存物品盘盈、盘亏或者报废、毁损，应当及时查明原因，按规定报经批准后进行账务处理

C.盘盈的库存物品，其成本按照有关凭据注明的金额确定；没有相关凭据但按照规定经过资产评估的，其成本按照评估价值确定；没有相关凭据也未经过评估的，其成本按照重置成本确定。如无法采用上述方法确定盘盈的库存物品成本的，按照名义金额入账

D.盘亏或者毁损、报废的库存物品，转入待处理财产损溢时，按照待处理库存物品的账面余额，借记“待处理财产损溢”科目，贷记“库存物品”科目

12.盘盈的库存物品，按照确定的入账价值，借记“库存物品”科目，贷记（　　）科目。

A.经营收入　　B.待处理财产损溢

C.事业收入　　D.其他收入

13.下列项目中，关于“应收账款”科目说法错误的是（　　）。

A.本科目期末借方余额，反映单位尚未收回的应收账款

B.本科目应当按照债务单位（或个人）进行明细核算

C.本科目核算事业单位因销售产品、提供服务等应收取的款项，以及单位因出租资产、出售物资等应收取的款项

D.逾期十年或以上、有确凿证据表明确实无法收回的应收账款，按规定报经批准后予以核销

14.下列项目中，关于“其他应收款”科目说法错误的是（　　）。

A.本科目期末借方余额，反映单位尚未收回的其他应收款

B. 本科目应当按照其他应收款的类别以及债务单位（或个人）进行明细核算

C. 本科目核算单位除财政应返还额度、应收票据、应收账款、预付账款、应收股利、应收利息以外的其他各项应收及暂付款项

D. 逾期五年或以上、有确凿证据表明确实无法收回的其他应收款，按规定报经批准后予以核销，核销的其他应收款应在备查簿中保留登记

15. 短期投资持有期间收到利息时，按实际收到的金额，借记“银行存款”科目，贷记（　　）科目。

A. 其他收入　　B. 事业收入

C. 经营收入　　D. 投资收益

三、多项选择题（从下列各题的备选答案中，选择两个或两个以上的正确答案，将其字母填入括号内）

1. 其他应收款一般包括（　　）。

A. 向本单位职工收取的各种垫付款　　B. 本单位职工预借的差旅费

C. 报销单位领用的备用金　　D. 预拨所属单位的经费

2. 行政事业单位发出存货可根据实际情况采用（　　）确定其价值。

A. 先进先出法　　B. 加权平均法

C. 后进先出法　　D. 个别计价法

3. 行政事业单位现金管理的要求主要有（　　）。

A. 使用范围管理　　B. 库存限额管理

C. 坐支现金管理　　D. 内部牵制管理

4. 实际工作中，行政事业单位经常使用的银行结算方式是（　　）。

A. 支票　　B. 信汇

C. 电汇　　D. 预算拨款凭证

5. 未达账项一般有（　　）情况。

A. 单位已收款入账，银行尚未入账的款项

B. 单位已付款入账，银行尚未入账的款项

C. 银行已收款入账，单位尚未入账的款项

D. 银行已付款入账，单位尚未入账的款项

6. 下列项目中，关于行政事业单位发生外币业务的会计处理，说法正确的有（　　）。

A. 以外币购买物资、劳务等，按照购入当日的即期汇率将支付的外币或应支付的外币折算为人民币金额，借记有关科目，贷记“银行存款”“应付账款”等科目的外币账户

B. 以外币收取相关款项等，按照收取款项或收入确认当日的即期汇率将收取的外币或应收取的外币折算为人民币金额，借记“银行存款”“应收账款”等科目的外币账户，贷记有关科目

C. 期末，根据各外币账户按期末汇率调整后的人民币余额与原账面人民币余额的差额，作为汇兑损益

D. 各种外币账户的外币余额应当按照期末的即期汇率折算为人民币，作为外币账户期末人民币余额

7. 下列项目中，关于“零余额账户用款额度”科目，说法正确的有（　　）。

A. “零余额账户用款额度”科目核算实行国库集中支付的单位根据财政部门批复的用款计划收到和支用的零余额账户用款额度

B. “零余额账户用款额度”科目期末贷方余额，反映单位尚未支用的零余额账户用款额度

C. 年度终了，依据代理银行提供的对账单做注销额度的相关账务处理，借记“财政应返还额度——财政授权支付”科目，贷记“零余额账户用款额度”科目

D. 下年年初，单位依据代理银行提供的额度恢复到账通知书做恢复额度的相关账务处理，借记“零余额账户用款额度”科目，贷记“财政应返还额度——财政授权支付”科目

8. 下列项目中，关于“财政应返还额度”科目说法正确的有（　　）。

A. 本科目为负债类科目

B. 本科目期末贷方余额，反映单位应收财政返还的资金额度

C. 本科目核算实行国库集中支付的单位应收财政返还的资金额度

D. 本科目应当设置“财政直接支付”“财政授权支付”两个明细科目，进行明细核算

9. 某预算单位实行国库集中支付制度。2021年年底，该单位收到代理银行提供的对账单，注销当年尚未使用的用款计划额度90万元，其中财政直接支付额度40万元，财政授权支付额度50万元。2022年年初，该单位收到代理银行开具的财政直接支付额度恢复到账通知书和财政授权支付额度恢复到账通知书，恢复上年底注销的财政直接支付额度40万元和财政授权支付额度50万元。下列各项处理中，正确的有（　　）。

A. 2021年年底，确认财政应返还额度90万元，同时确认财政拨款收入90万元

B. 2021年年底，确认财政应返还额度90万元，同时确认财政拨款收入40万元，减少零余额账户用款额度50万元

C. 2022年年初，确认零余额账户用款额度50万元，减少财政应返还额度50万元

D. 2022年年初，确认零余额账户用款额度90万元，减少财政应返还额度90万元

10. 下列项目中，关于“库存物品”科目说法正确的有（　　）。

A. 库存物品在取得时，应当按照其实际成本入账

B. 本科目期末借方余额，反映单位存货的实际成本

C. 单位随买随用的零星办公用品，应当在购进时直接通过“库存物品”科目核算

D. 对外捐赠、无偿调出存货，转入待处理资产时，按照库存物品的账面余额，借记“待处理财产损溢”科目，贷记“库存物品”科目

11. 待摊费用是指单位已经支付但应当由本期和以后各期分别负担的分摊期在1年以内（含1年）的各项费用，包括（　　）。

A. 预付航空保险

B. 预付1年的租金

C. 低值易耗品摊销

D. 摊销期限在1年以上的以经营租赁方式租入的固定资产发生的改良支出

12. 下列应通过“其他应收款”科目核算的项目有（　　）。

A. 备用金

B. 职工预借的差旅费

C. 保证金

D. 已偿还银行尚未报销的本单位公务卡欠款

四、简答题

1. 行政事业单位存货的内容包括哪些？是如何分类和计价的？

2. 应收及预付账款的内容包括哪些？

五、核算与分析题

（一）

【目的】掌握预算单位货币资金的账务处理。

【资料】某预算单位2021年12月发生如下经济业务：

（1）8日，签发现金支票，从银行提取现金25 000元备用。

（2）9日，李某出差，预付差旅费现金1 000元，以库存现金付讫。

（3）10日，用银行存款购买办公用品3 000元。

（4）12日，李某出差回来，报销差旅费650元，余款退回。

（5）16日，收到单位零余额账户代理银行转来的“财政授权支付额度到账通知书”，该单位获得用于基本支出的财政授权支付额度150 000元。

（6）26日，发现库存现金短少400元。

（7）27日，上述短少现金，经查明属工作疏忽，经单位领导批准，由责任人赔偿80%，并收到现金；核销20%。

（8）28日，购入一批办公用品，价款10 000元，专用发票注明增值税税额1300元，款项已通过零余额账户付讫，办公用品已分发。

【要求】根据上述经济业务编制相关会计分录。

（二）

【目的】掌握财政国库单一账户制度下财政应返还额度的账务处理。

【资料】某预算单位已纳入财政国库单一账户制度改革，2021年年末及2022年年初发生如下经济业务：

（1）2021年年末，本年度财政直接支付预算指标数为665 000元，财政直接支付实际支出数为660 000元，两者差额为5 000元。

（2）2022年年初，该单位收到财政部门批复的财政直接支付额度恢复到账通知书，财政部门对该单位恢复财政直接支付额度5 000元。

（3）2022年年初，该单位用恢复的财政直接支付额度支付日常业务活动支出1 000元。

（4）2021年年末，本年度财政授权支付预算指标数为455 000元，财政授权支付实际支出数为444 000元，单位零余额账户代理银行收到零余额账户用款额度447 000元。

（5）2022年年初，该单位收到代理银行提供的额度恢复到账通知书，恢复财政授权支付额度2 100元。

（6）2022年年初，该单位用恢复的财政授权支付额度支付日常业务活动支出2 000元。

【要求】根据上述经济业务编制相关会计分录。

（三）

【目的】掌握事业单位存货的主要账务处理。

【资料】某事业单位（小规模纳税人）2021年年末发生如下经济业务：

（1）收到“财政直接支付入账通知书”及发票，列明材料价10 000元，增值税税额1 300元，运杂费300元。购买的专业业务用材料已验收入库。

（2）该单位通过零余额账户购入燃料5 000元，燃料已验收入库。

（3）该单位领用材料50 000元，用于单位开展专业业务活动需要。

（4）年终盘点，发现生产用材料盘亏100千克，单价6元，损失600元，经查80千克系合理损耗，20千克系仓库保管员造成，应由过失人赔偿。

（5）年终盘点，发现用于专业业务活动用的材料A盘盈1 000千克，市场价每千克400元。

【要求】根据上述经济业务编制相关会计分录。

（四）

【目的】掌握财政应返还额度的账务处理。

【资料】某事业单位2021年12月发生如下经济业务：

某事业单位为公益一类事业单位，实行国库集中支付和政府采购制度。2021年年终，该事业单位预算指标和结余见表5-1。年终结余资金财政收回并于下年年初返还单位，本年度财政实际下达授权支付额度346万元。

表5-1　　某事业单位2021年预算执行情况　　单位：万元

预算指标	2 000	实际支出	1 975	年终结余
其中：财政直接支付	1 650	其中：财政直接支付	1 635	其中：财政直接支付
财政授权支付	350	财政授权支付	340	财政授权支付

【要求】

（1）根据上述资料分析计算该事业单位年终结余资金，并做年终和下年年初恢复结余的账务处理。

（2）下年年初，事业单位将上述财政直接支付余额的120 000元用于专业业务用水电费支出，编制其会计分录。

（五）

【目的】掌握应收及预付款项的账务处理。

【资料】某事业单位（一般纳税人）2021年12月发生如下经济业务：

（1）6日，开展事业活动向甲单位提供劳务，应收取款项34 000元，未收到款项。

（2）8日，收到甲单位支付的劳务款项34 000元。

（3）10日，开展经营活动赊销产品一批给乙企业，产品售价20 000元，应交增值税税额2 600元。

（4）16日，收到向乙企业赊销产品的款项22 600元。

（5）17日，开展经营活动向丙企业销售产品一批，货款共计40 000元，增值税税额5 200元，收到3个月期的带息商业汇票一张，面值46 800元，票面年利率6%。

（6）18日，上述商业汇票到期，收到票据本息。

（7）19日，向某单位提供劳务而获得劳务收入4 000元。对方下月付款。

（8）20日，接受甲单位提供的劳务服务，开出转账支票，预付给甲单位款项3 000元。

（9）26日，甲单位提供的劳务服务已完成，支出共4 200元，余款以银行存款支付。

（10）29日，购入经营用的A材料2 000千克，单价20元，计40 000元，专用发票注明增值税税额5 200元，款项尚未支付，材料已验收入库。

（11）本年发生坏账损失5 000元，全部为其他应收款。

（12）本年度收回上年已核销的其他应收款3 000元。

【要求】根据上述经济业务编制会计分录。

（六）

【目的】掌握短期投资的账务处理。

【资料】某事业单位发生如下经济业务：

（1）2020年12月16日，以银行存款购买一年期的国库券30 000元。

（2）2021年12月16日，兑换上述到期的国库券30 000元；利息收入1 500元，款项存入银行。

【要求】根据上述经济业务编制会计分录。

任务3 非流动资产的核算

一、判断题（判断下列各题，正确的在括号内填“√”，不正确的在括号内填“×”）

1. 行政事业单位购入固定资产的原价包括买价和购入过程中发生的一切支出。 （ ）

2. 行政事业单位的固定资产不计提折旧。 （ ）

3. 行政事业单位接受委托人指定受赠人的转赠物资，应当通过“受托代理资产”科目核算，不通过存货核算。 （ ）

4. 行政事业单位借入、以经营租赁方式租入的固定资产，也通过“固定资产”科目核算。 （ ）

5. 单位支付的政府储备物资保管费、仓库租赁费等日常储备费用，不计入政府储备物资的成本。 （ ）

6. 购入、调入固定资产过程中支付的运杂费计入固定资产价值。 （ ）

7. 以融资租赁租入的固定资产，其成本按照租赁协议或者合同确定的租赁价款、相关税费以及固定资产交付使用前所发生的可归属于该项资产的运输费、途中保险费、安装调试费等确定。 （ ）

8. 清理报废、毁损固定资产的残值收入和清理费用列入“其他收入”科目。 （ ）

9. 出售固定资产，应按实际收到的款项，贷记“其他收入”科目。 （ ）

10. 盘盈的固定资产，其成本按照有关凭据注明的金额确定；没有相关凭据但按照规定经过资产评估的，其成本按照评估价值确定；没有相关凭据也未经过评估的，其成本按照重置成本确定。如无法采用上述方法确定盘盈固定资产成本的，按照名义金额（人民币1元）入账。 （ ）

11. 行政事业单位一般应当按月计提固定资产折旧。当月增加的固定资产，当月提折旧；当月减少的固定资产，当月照提折旧，从下月起不提折旧。 （ ）

12. 无形资产预期不能为行政事业单位带来服务潜力或经济利益的，应当按规定报经批准后将该无形资产的取得成本予以核销。 （ ）

13. 为维护无形资产的正常使用而发生的后续支出，如对软件进行漏洞修补、技术维护等所发生的支出，应当计入无形资产成本不计入当期支出。 （ ）

14. 因发生后续支出而增加无形资产成本的，应当按照重新确定的无形资产成本，重新计算摊销额。 （ ）

15. 事业单位应当严格控制对外投资。在保证单位正常运转和事业发展的前提下，按照国家有关规定可以对外投资的，应当履行相关审批程序。事业单位不得使用财政拨款及其结余进行对外投资，不得从事股票、期货、基金、企业债券等投资，国家另有规定的除外。 （ ）

16. 因被投资单位破产清算等原因，有确凿证据表明长期股权投资发生损失，按规定报经批准后予以核销。将待核销长期股权投资转入待处理资产时，按照待核销的

长期股权投资实际取得成本，借记“待处理财产损溢”科目，贷记“长期股权投资”科目。（　）

17. 行政事业单位接受捐赠固定资产、无形资产等非流动资产，不通过“其他收入”科目核算。（　）

18. 行政事业单位在建的信息系统项目工程、公共基础设施项目工程、保障性住房项目工程的实际成本，也通过“在建工程”科目核算。（　）

19. 工程物资是指单位为在建工程准备的各种物资的成本，包括工程用材料、设备等。（　）

20. 政府储备物资包括战略及能源物资、抢险抗灾救灾物资、农产品、医药物资、低值易耗品和其他重要商品物资。（　）

二、单项选择题（从下列各题的备选答案中，选择一个正确答案，并将其字母填入括号内）

1. 行政事业单位固定资产（一般设备）的单位价值应在（　）以上。

A.500元　　B.1 500元

C.800元　　D.1 000元

2. 行政事业单位收到受托代理的现金和银行存款时，不通过（　）科目核算。

A. 受托代理负债　　B. 库存现金

C. 受托代理资产　　D. 银行存款

3. 购入复印机一台，买价为20 000元，运杂费为1 000元，安装费为500元，则该复印机的入账价值为（　）元。

A.20 000　　B.21 000

C.21 500　　D.20 500

4. 某学校青年教工宿舍楼账面原值为500万元，现进行改建。发生各项支出150万元，建设中的残料变价收入为5万元，则改建后青年教工宿舍的入账价值为（　）。

A.500万元　　B.650万元

C.505万元　　D.645万元

5. 下列项目中，关于以融资租赁租入的固定资产的主要账务处理，说法错误的是（　）。

A. 跨年度分期付款购入固定资产的账务处理，不参照融资租入固定资产

B. 定期支付租金时，按照实际支付金额，借记“长期应付款”科目，贷记“财政拨款收入”“零余额账户用款额度”“银行存款”等科目

C. 以融资租赁租入的固定资产，其成本按照租赁协议或者合同确定的租赁价款、相关税费以及固定资产交付使用前所发生的可归属于该项资产的运输费、途中保险费、安装调试费等确定

D. 融资租入的固定资产，按照确定的成本，借记“固定资产”科目［不需安装］或“在建工程”科目［需安装］，按照租赁协议或者合同确定的租赁付款额，贷记“长期应付款”科目，按照支付的运输费、途中保险费、安装调试费等金额，贷记“财政拨款收入”“零余额账户用款额度”“银行存款”等科目

6.某科研所融资租入科研仪器一台，租赁协议确定的设备价款为60 000元，另支付运输费1 000元、途中保险费3 000元、安装调试费6 000元，则该项固定资产的入账价值应为（ ）。

A.60 000元　B.61 000元

C.66 000元　D.70 000元

7.清理报废固定资产人员的工资，应记入（ ）账户。

A.专用基金　B.业务活动费用

C.待处理财产损溢　D.其他费用

8.事业单位出售、报废、毁损固定资产净值应记入（ ）账户。

A.应缴财政款　B.事业收入

C.专用基金　D.其他收入

9.行政事业单位按月计提固定资产折旧时，按照应计提的金额，借记（ ）科目，贷记“固定资产累计折旧”科目。

A.专用基金　B.业务活动费用

C.固定资产　D.待处理财产损溢

10.下列项目中，关于“固定资产累计折旧”科目说法错误的是（ ）。

A.单位一般应当采用年限平均法或工作量法计提固定资产折旧

B.单位固定资产的应折旧金额为其成本，计提固定资产折旧要考虑预计净残值

C.单位应当根据固定资产的性质和实际使用情况，合理确定其折旧年限。省级以上财政部门、主管部门对事业单位固定资产折旧年限做出规定的，从其规定

D.固定资产提足折旧后，无论能否继续使用，均不再计提折旧；提前报废的固定资产，也不再补提折旧

11.某事业单位一项专利以100 000元作价入账，注明有效期限为10年，而单位合同规定受益期为8年，则每年应摊销的价值为（ ）元。

A.10 000　B.12 500

C.11 111　D.5 555

12.下列项目中，关于“无形资产”科目，说法错误的是（ ）。

A.本科目核算行政事业单位无形资产的原价

B.本科目应当按照无形资产的类别、项目等进行明细核算

C.行政事业单位购入的不构成相关硬件不可缺少组成部分的应用软件，不应作为无形资产核算

D.无形资产是指行政事业单位持有的没有实物形态的可辨认非货币性资产，包括专利权、商标权、著作权、土地使用权、非专利技术等

13.下列项目中，关于“无形资产累计摊销”科目说法错误的是（ ）。

A.本科目核算行政事业单位无形资产计提的累计摊销

B.本科目应当按照对应无形资产的类别、项目等进行明细核算

C.行政事业单位应当对无形资产进行摊销，包括以名义金额计量的无形资产

D.本科目期末贷方余额，反映行政事业单位计提的无形资产摊销累计数

14.事业单位购入的长期债券，收到的利息收入记入（　　）账户。

A.利息收入　　B.其他收入

C.事业收入　　D.应收利息

15.下列项目中，关于“在建工程”科目说法错误的是（　　）。

A.本科目应当按照工程性质和具体工程项目等进行明细核算

B.本科目期末借方余额，反映单位尚未完工的在建工程发生的实际成本

C.单位的基本建设投资应当按照国家有关规定单独建账、单独核算，同时至少按季度并入本科目及其他相关科目反映

D.本科目核算单位在建的建设项目工程的实际成本

16.下列项目中，关于“工程物资”科目说法错误的是（　　）。

A.本科目可按照“库存材料”“库存设备”等工程物资类别进行明细核算

B.本科目期末贷方余额，反映单位为在建工程准备的各种物资的成本

C.购入为工程准备的物资，按照确定的物资成本，借记本科目，贷记“财政拨款收入”“零余额账户用款额度”“银行存款”“应付账款”等科目

D.为了核算单位为在建工程准备的各种物资的成本，在资产要素类设置“工程物资”总账科目

三、多项选择题（从下列各题的备选答案中，选择两个或两个以上的正确答案，将其字母填入括号内）

1.行政事业单位购入、调入的固定资产，其入账价值包括（　　）。

A.买价、调拨价　　B.车辆购置税

C.保险费　　D.安装费

2.行政事业单位的无形资产包括（　　）。

A.土地使用权　　B.专利权

C.非专利技术　　D.著作权

3.下列固定资产不计提折旧的有（　　）。

A.房屋及构筑物　　B.文物及陈列品

C.图书、档案　　D.以名义金额入账的固定资产

4.行政事业单位固定资产取得的方式有（　　）。

A.购入固定资产　　B.自行建造固定资产

C.无偿调出固定资产　　D.接受捐赠固定资产

5.行政事业单位政府储备物资发出的实际成本的计价方法有（　　）。

A.先进先出法　　B.加权平均法

C.个别计价法　　D.补充登记法

6.事业单位对财政直接支付方式购置固定资产的账务处理，涉及的财务会计科目有（　　）。

A.财政拨款收入　　B.事业支出

C.固定资产　　D.资金结存

7.下列项目中，关于购入的固定资产的主要账务处理，说法正确的有（　　）。

A. 以一笔款项购入多项没有单独标价的固定资产，按照各项固定资产同类或类似资产市场价格的比例对总成本进行分配，分别确定各项固定资产的入账成本

B. 购入不需安装的固定资产验收合格时，按照确定的固定资产成本，借记“固定资产”科目，贷记“财政拨款收入”“零余额账户用款额度”“应付账款”“银行存款”等科目

C. 购入需要安装的固定资产，在安装完毕交付使用前通过“在建工程”科目核算，安装完毕交付使用时再转入“固定资产”科目

D. 购入固定资产扣留质量保证金的，应当在取得固定资产时，按照确定的固定资产成本，借记“固定资产”科目［不需安装］或“在建工程”科目［需要安装］，按照实际支付或应付的金额，贷记“财政拨款收入”、“零余额账户用款额度”、“应付账款”［不含质量保证金］、“银行存款”等科目，按照扣留的质量保证金数额，贷记“其他应付款”［扣留期在1年以内（含1年）］或“长期应付款”［扣留期超过1年］科目

8. 下列项目中，关于行政事业单位对无形资产进行摊销的说法正确的有（　　）。

A. 行政事业单位无形资产的应摊销金额为其成本

B. 行政事业单位应当采用年限平均法对无形资产进行摊销

C. 当月增加的无形资产下月起摊销，当月减少的无形资产当月应摊销

D. 法律没有规定有效年限、相关合同或单位申请书也没有规定受益年限的，按照不少于15年的期限摊销

9. 下列经济业务属于长期股权投资的有（　　）。

A. 以固定资产对某企业投资　　B. 以某项专利对其他单位投资

C. 将设备一台借给外单位　　D. 购买一年期的国债

10. 除法律法规另有规定外，事业单位下列行为中，应当报同级政府财政部门审批的有（　　）。

A. 利用国有资产对外投资　　B. 利用国有资产出租

C. 利用国有资产开展事业活动　　D. 利用国有资产进行担保

11. 下列项目中，关于长期债券投资的主要账务处理，说法正确的有（　　）。

A. 长期债券投资在取得时，应当按照其实际成本作为投资成本

B. 以货币资金购入的长期债券投资，按照实际支付的全部价款作为投资成本，借记“长期债券投资”科目，贷记“投资收益”等科目

C. 取得的长期债券投资，按照确定的投资成本，借记“长期债券投资”科目（成本），按照支付的价款中包含的已到付息期但尚未领取的利息，借记“应收利息”科目，按照实际支付的金额，贷记“银行存款”等科目

D. 实际收到取得债券时所支付价款中包含的已到付息期但尚未领取的利息时，借记“银行存款”科目，贷记“应收利息”科目

12. 下列各项中，属于事业单位国有资产处置方式的有（　　）。

A. 国有资产的出让　　B. 国有资产的对外捐赠

C. 国有资产的报损　　D. 国有资产的出借

13.下列项目中，关于“在建工程”科目的主要账务处理，说法正确的有（　　）。

A.将固定资产等资产转入改建、扩建等时，按照固定资产等资产的账面价值，借记本科目（建筑安装工程投资），按照已计提的折旧或摊销，借记“固定资产累计折旧”等科目，按照固定资产等资产的原值，贷记“固定资产”等科目

B.购入设备时，按照购入成本，借记本科目（设备投资），贷记“财政拨款收入”“零余额账户用款额度”“银行存款”等科目；采用预付款方式购入设备的，有关预付款的账务处理参照本科目有关“建筑安装工程投资”明细科目的规定

C.设备安装完毕，办妥竣工验收交接手续交付使用时，按照设备投资成本（含设备安装工程成本和分摊的待摊投资），借记“固定资产”等科目，贷记本科目（设备投资、建筑安装工程投资——安装工程）

D.将不需要安装的设备和达不到固定资产标准的工具、器具交付使用时，按照相关设备、工具、器具的实际成本，借记“固定资产”“库存物品”科目，贷记本科目（设备投资）

14.下列项目中，关于“政府储备物资”科目的主要账务处理，说法正确的有（　　）。

A.受托代储的政府储备物资应当通过“受托代理资产”科目核算，不通过本科目核算

B.购入的政府储备物资验收入库，按照确定的成本，借记本科目，贷记“财政拨款收入”“零余额账户用款额度”“银行存款”等科目

C.接受捐赠的政府储备物资验收入库，按照确定的成本，借记本科目，按照单位承担的相关税费、运输费等，贷记“零余额账户用款额度”“银行存款”等科目，按照其差额，贷记“捐赠收入”科目

D.因动用而发出无须收回的政府储备物资的，按照发出物资的账面余额，借记“业务活动费用”科目，贷记本科目

四、简答题

1.什么是固定资产？确定固定资产的标准是什么？

2.行政事业单位非流动资产的内容包括哪些？

3.什么是无形资产？有哪些特点？无形资产包括哪些内容？

4.什么是长期投资？长期投资可以分为哪几类？

五、核算与分析题

（一）

【目的】掌握行政单位固定资产及其折旧的账务处理。

【资料】某行政单位2021年12月发生如下经济业务：

（1）6日，基建部门将竣工的办公楼一幢，向行政单位财务办理移交手续，行政单位财务凭“固定资产移交清册”及相关手续入账，造价为8 600 000元。

（2）9日，根据预算计划，经批准，购入投影设备一套，价值为200 000元，设备不需要安装，款项已通过财政部门直接拨付，该设备已验收交付使用。

（3）16日，收到国外友好单位捐赠汽车一辆，价值为500 000元，另以银行存款支付运输费用8 000元。

（4）26日，经批准出售电脑5台，售价合计18 000元，款项已存入银行，另以银行存款支付运输费300元。该电脑账面原价合计30 000元，已提折旧19 000元。

【要求】编制上述业务的相关会计分录。

（二）

【目的】掌握事业单位固定资产及其折旧的账务处理。

【资料】某事业单位2021年12月发生如下经济业务：

（1）6日，购入一台不需安装的办公设备一套，价款为20 000元，由银行转账支付，同时用库存现金支付运费200元，设备已验收入库。

（2）7日，以财政事业经费购入一台不需安装的专用设备，价款合计8 000元，款项通过单位零余额账户支付。

（3）9日，收到同级政府财政部门委托代理银行转来的“财政直接支付入账通知书”，财政部门已为单位支付了为开展某专项业务活动而购买的一台专用设备价款，合计100 000元。

（4）16日，接受外单位捐赠设备一台，按市场估值200 000元，同时，开出转账支票支付相关税费和运输费1 500元。设备已验收入库。

（5）19日，融资租入设备一台，按租赁协议规定，设备价款80 000元、运输费3 000元、安装调试费8 500元，设备安装调试完毕交付使用。

（6）22日，动用修购基金购买设备，支付价款100 000元、增值税税额13 000元、运杂费2 000元。

（7）26日，旧钢炉报废，账面原值50 000元（已提折旧35 000元），残值变价收入2 000元已存入银行，用现金支付清理费用600元。

（8）29日，因经管人员调动工作，对固定资产进行盘点，盘亏计算机一台，原价5 400元（已提折旧3 000元），盘盈复印机一台，市价2 500元，经领导批准，分别予以注销和补账。

【要求】根据上述经济业务编制会计分录。

（三）

【目的】掌握无形资产及其摊销的核算。

【资料】某预算单位2021年12月发生如下经济业务：

（1）6日，购买非专利技术一项，价款为100 000元。

（2）8日，收到外单位捐赠的专利一项，发票列示价格为20 000元。

（3）9日，自行研制的专利所有权转让给其他单位，协商转让价为2 500元，成本为17 000元，款项存入银行，已提摊销12 000元。

（4）12日，购入一项专利权，支付价款120 000元，法定使用年限为12年，合同确定受益年限为8年，本月进行专利权摊销。

（5）16日，将未作价入账的某专利技术转让，取得收入70 000元，存入银行。

（6）26日，委托软件公司开发的软件完成交付使用，软件开发费50 000元，以银行存款支付。

【要求】根据上述经济业务编制行政事业单位会计分录。

（四）

【目的】掌握长期股权投资和长期债券投资的账务处理。

【资料】某事业单位2021年12月发生如下经济业务：

（1）6日，用银行存款购入国家重点建设债券80 000元（5年期），另支付经纪人佣金200元。

（2）12日，对华兴公司投资转出专利权一项，该项专利权账面原值90 000元，已摊销20 000元，双方确认价值100 000元。

（3）16日，以固定资产向甲公司投资，其账面价值为50 000元，已提折旧2 500元，经评估，确认价值为45 000元。运费2 000元由该事业单位承担，用银行存款支付。

（4）26日，收到华兴公司的利润分配款2 000元存入银行。

【要求】根据上述经济业务编制会计分录。

（五）

【目的】掌握在建工程、工程物资和政府储备物资的账务处理。

【资料】某事业单位2021年10月发生如下经济业务：

（1）1日，为建造职工食堂，购入工程物资一批，价款为90 000元，款项以银行存款支付。

（2）5日，为建造职工食堂领用工程物资90 000元。

（3）20日，该职工食堂建造完工交付使用，支付工人薪酬30 000元。

（4）22日，以事业经费购入一台需安装的专用设备，价款合计98 000元，款项通过单位零余额账户支付。

（5）25日，上述设备安装调试完毕，发生安装费2 000元，进入使用状态。

（6）26日，购入防汛物资一批，增值税专用发票注明的价款为25 000元，增值税税额为750元，支付运输费250元，款项通过财政直接支付。

（7）29日，发出防汛物资一批，其账面余额20 000元，发出后无须收回。

【要求】根据上述经济业务编制会计分录。

任务4　其他资产的核算

一、判断题（判断下列各题，正确的在括号内填“√”，不正确的在括号内填“×”）

1. 待摊费用是指已经支出但应由本期和以后各期分别负担的各项费用，如技术转让费、广告费等。（　）

2. 长期待摊费用是指单位已经支付，但应当由本期和以后各期分别负担的分摊期在1年以内（含1年）的各项费用。（　）

3. “长期待摊费用”科目属于负债类总账科目。（　）

4. 单位收到的受托代理资产为现金和银行存款的，不通过“受托代理资产”科目核

算，应当通过“库存现金”“银行存款”科目进行核算。（　）

5. 待处理财产损溢是指单位在资产清查过程中查明的各种资产盘盈、盘亏和报废、毁损的价值。（　）

二、单项选择题（从下列各题的备选答案中，选择一个正确答案，并将其字母填入括号内）

1. 下列项目中，关于“待摊费用”科目说法错误的是（　）。

A. 本科目应当按照待摊费用种类进行明细核算

B. 本科目期末借方余额，反映单位各种已支付但尚未摊销的分摊期在1年以内（含1年）的费用

C. 本科目贷方登记发生的待摊费用；借方登记摊销的各项费用

D. 摊销期限在1年以上的租入固定资产改良支出和其他费用，应当通过“长期待摊费用”科目核算，不通过本科目核算

2. 下列项目中，关于“待处理财产损溢”科目说法错误的是（　）。

A. 本科目核算单位待处理财产的价值及处理损溢

B. 本科目期末如为借方余额，反映尚未处理完毕的各种资产净溢余

C. 单位处理资产一般应当先记入本科目，按规定报经批准后及时进行账务处理，年度终了结账前一般应处理完毕

D. 对于在财产处理过程中取得相关收入、发生相关费用的处置项目，本科目还应设置“待处理财产价值”“处理净收入”明细科目，进行明细核算

3. 下列项目中，关于“长期待摊费用”科目说法错误的是（　）。

A. 本科目应当按照待摊费用种类进行明细核算

B. 本科目期末借方余额，反映单位尚未摊销完毕的长期待摊费用

C. 本科目借方登记发生数；贷方登记摊销数

D. 摊销期限在1年以上的以经营租赁方式租入的固定资产改良支出和其他费用，应当通过本科目核算

4. 下列项目中，关于“受托代理资产”科目说法错误的是（　）。

A. 本科目应当按照资产的种类和委托人进行明细核算；属于转赠资产的，还应当按照受赠人进行明细核算

B. 本科目期末贷方余额，反映单位受托代理资产中实物资产的成本

C. 本科目借方登记受托代理资产的增加数；贷方登记受托代理资产的减少数

D. 单位收到的受托代理资产为现金和银行存款的，不通过本科目核算，应当通过“库存现金”“银行存款”科目进行核算

三、多项选择题（从下列各题的备选答案中，选择两个或两个以上的正确答案，将其字母填入括号内）

1. “待处理财产损溢”科目核算单位待处理财产的价值及处理损溢，包括（　）。

A. 账款核对时发现的库存现金短缺或溢余

B. 资产清查中查明的盘亏或者毁损、报废的存货、固定资产

C. 报经批准予以核销的应收及预付款项、长期股权投资、无形资产

D. 予以转让（出售）的长期股权投资、固定资产、无形资产

2. 下列项目中，关于待处理财产损溢的主要账务处理，说法正确的有（　　）。

A. 清查库存现金时，发现现金短缺或溢余，属于现金短缺，按照实际短缺的金额，借记本科目，贷记“库存现金”科目；属于现金溢余，按照实际溢余的金额，借记“库存现金”科目，贷记本科目

B. 固定资产盘盈时，按照确定的成本，借记“固定资产”科目，贷记本科目

C. 处理毁损、报废实物资产过程中取得的残值或残值变价收入、保险理赔和过失人赔偿等，借记“库存现金”“银行存款”“库存物品”“其他应收款”等科目，贷记本科目（处理净收入）

D. 处理毁损、报废实物资产过程中发生的相关费用，借记本科目（处理净收入），贷记“库存现金”“银行存款”等科目

3. 下列项目中，关于受托代理资产的主要账务处理，说法正确的有（　　）。

A. 接受委托转赠的物资验收入库，按照确定的成本，借记“受托代理负债”科目，贷记本科目

B. 受托协议约定由受托方承担相关税费、运输费等的，还应当按照实际支付的相关税费、运输费等金额，借记“其他费用”科目，贷记“银行存款”等科目

C. 将受托转赠物资交付受赠人时，按照转赠物资的成本，借记“受托代理负债”科目，贷记本科目

D. 接受委托人委托存储保管的物资，其成本按照有关凭据注明的金额确定。接受委托储存的物资验收入库，按照确定的成本，借记本科目，贷记“受托代理负债”科目

4. 下列项目中，关于长期待摊费用的主要账务处理，说法正确的有（　　）。

A. 发生长期待摊费用时，按照支出金额，借记本科目，贷记“财政拨款收入”“零余额账户用款额度”“银行存款”等科目

B. 按照受益期间摊销长期待摊费用时，按照摊销金额，借记“业务活动费用”“单位管理费用”“经营费用”等科目，贷记本科目

C. 如果某项长期待摊费用已经不能使单位受益，应当将其摊余金额一次全部转入当期费用。按照摊销金额，借记“业务活动费用”“单位管理费用”“经营费用”等科目，贷记本科目

D. 长期待摊费用应当在其受益期限内分期平均摊销，如预付航空保险费应在保险期的有效期内、预付租金应在租赁期内分期平均摊销，计入当期费用

四、简答题

1. 什么是待处理财产损溢？其核算的内容有哪些？

2. 受托代理资产包括哪些内容？如何进行账务处理？

五、核算与分析题

（一）

【目的】掌握待摊费用和长期待摊费用的账务处理。

【资料】某事业单位2021年12月发生如下经济业务：

（1）为开展经营活动租入设备一台，租入时以银行存款一次性支付租金12 000元，租期6个月。

（2）上述租入设备每月分摊租赁费用2 000元。

（3）为开展专业活动租入办公用房，按协议规定租期3年，租赁费72 000元。租赁费通过单位零余额账户支付。

（4）上述租入的办公用房，每月分摊租赁费用2 000元。

【要求】根据上述经济业务编制会计分录。

（二）

【目的】掌握受托代理资产的账务处理。

【资料】某事业单位2021年12月发生如下经济业务：

（1）按照受托协议的约定，接受某协会委托将一批救灾物资转赠给某灾区。该救灾物资的价值为65 000元，已验收入库。

（2）该单位将上述救灾物资交付给某灾区。

【要求】根据上述经济业务编制会计分录。

（三）

【目的】掌握待处理财产损溢的账务处理。

【资料】某事业单位2021年12月发生如下经济业务：

（1）3日，盘点库存现金，发现短款1 200元。

（2）5日，经批准报废一台打印机，原价20 000元，已提折旧5 000元，取得变价收入6 000元，款已存入银行，并以银行存款支付清理费800元，现已清理完毕。

（3）6日，盘亏一台计算机，该计算机原价18 000元，已提折旧10 000元，报经批准予以处置。

【要求】根据上述经济业务编制会计分录。

综合训练

一、计算分析题

1. 某预算单位2021年11月有关A材料的结存、购进和发出情况见表5-2。

表5-2　2021年11月有关A材料的结存、购进和发出情况

1日	期初结存	1 260千克	单价20元
6日	购进	600千克	单价24元
10日	发出	800千克	
18日	购进	500千克	单价22.28元
26日	发出	1 000千克	
30日	发出	400千克	

【要求】根据上述资料，用先进先出法和加权平均法分别计算A材料本月发出和期末结存的实际成本。

2. 假设某事业单位持有一张票面额为46 800元的不带息商业汇票，出票日为2021年3月1日，到期日为2021年6月1日，该单位于2021年4月1日向银行贴现，年贴现率为8%。

【要求】计算该汇票的贴现息和贴现额。

二、业务处理题

1.某预算单位2021年12月发生下列经济业务：

（1）2日，新购进固定资产一台，价值为72 000元，计划用6年，每月计提折旧1 000元。

（2）5日，对外捐赠固定资产，固定资产账面余额为100 000元，已提折旧30 000元。

（3）8日，无偿调出给下级单位一项无形资产，该无形资产原值100 000元，已提摊销20 000元。

（4）9日，购买办公用A材料，价款为2 600元，通过银行存款支付，材料已验收入库，另以现金400元支付运输费用。

（5）10日，仓库保管员报送的“发出材料汇总表”列示：本月发出A材料200千克，平均每千克10元；发出B材料300千克，平均每千克3元。

（6）30日，盘盈A材料5千克，计50元；盘亏B材料30千克，计90元，经查，盘亏B材料属仓库保管员刘泽管理责任，责令其赔偿。

（7）30日，现金盘点，发现现金长款500元，原因待查。现金长款500元经查属于无主款项，进行账务处理。

【要求】根据上述业务编制相关会计分录。

2.某预算单位2021年12月发生如下经济业务：

（1）1日，开出现金支票一张，从银行提取现金2 000元备用。

（2）3日，用现金600元购买零星办公用品。

（3）5日，以银行存款支付银行手续费1 200元。

（4）10日，收到代理银行转来的“财政授权支付额度到账通知书”，通知书列明到账金额为380 000元。

（5）15日，经批准出租沿街的门面房给甲公司，按照合同规定租金为250 000元，款项尚未收到。

（6）18日，收到上述租金，同时交纳增值税税额32 500元。

（7）20日，经批准对外捐赠一批抗震救灾物资，该物资的成本为128 000元。同时发生由该单位承担的运输费等支出1 200元，款项已通过零余额账户支付。

（8）30日，进行财产清查，盘盈电脑2台，重置价值为6 000元；盘亏电视一台，账面原价8 000元，已提折旧5 600元。

【要求】根据以上资料编制相关会计分录。

三、实训题

【实训目的】通过实训，熟悉行政单位常见资产的业务核算，能够独立填制记账凭证。

【实训资料】某行政单位2021年10月发生如下经济业务：

（1）3日，职工王颖出差预借差旅费4 000元，以现金支付。

（2）10日，采用财政授权支付方式购买办公用材料一批，价款合计15 000元，运杂费为300元。

（3）12日，王颖出差归来报销差旅费3 800元，余款200元现金退回。

（4）20日，通过财政直接支付购入某项目用复印机一台，价款为23 000元，运杂费为200元，安装调试费为100元，复印机已交付使用。

【实训要求】根据实训资料，填制记账凭证。

案例分析

1.某卫生局按照工作计划于2021年5月办理几项资产采购业务（均达到政府采购限额标准以上，并列入当年经批复的预算），该局分管财务、资产管理的副局长召集相关处室负责人召开工作会议，就资产购置及发挥资产使用效益等事项进行了讨论。有关情况及形成的决议如下：

（1）拟购买一批专用检测设备（不属于集中采购目录范围）。该种设备本地供应商有一家，国内另外两家供应商在偏远省份。会议决定采用公开招标方式采购该批设备。

（2）拟购买一批数字分析仪器（不属于集中采购目录范围），经批复的采购项目预算为1 500万元。由于该局对拟购仪器的价格、供应商等市场情况不熟悉，会议决定委托与该局有过业务合作关系、信誉良好、具有政府采购代理机构乙级资格的X公司代理采购。

（3）拟购置公务车1辆（属于集中采购目录范围）。按照经批准的预算标准，同等价格档次的进口车较国产车在性能上更优，会议决定向接受委托的集中采购机构提出购买进口车的要求。

（4）该局于当年4月份收到某企业捐赠的2台大型精密测试仪器，尚未安排使用。研究决定：①上报本局局长办公会同意后，将此2台仪器对外出租；②每年收取50万元租金，并将2021年收取的租金拨付给下属某人民医院弥补其项目资金缺口。

（5）该下属人民医院因申请银行借款请求该局提供担保。会议决定上报该局局长办公会同意后，以该局的一栋闲置旧办公楼为下属人民医院提供借款担保。

【要求】根据政府采购、行政事业单位国有资产管理等相关规定，逐项判断案例中该卫生局上述会议决议是否正确，如不正确，分别说明理由。

2.甲文化事业单位是太原市文化局的下属事业单位（以下简称甲单位），2021年发生下列经济业务事项：

（1）3月，甲单位报经市文化局批准，以账面价值200万元的办公楼与A公司共同出资，设立B公司。

（2）9月，甲单位经市文化局审核，报该市财政局审批，用账面价值15万元的一辆小轿车与C公司的商务车进行置换。甲单位聘请专业资产评估公司对其轿车价值进行重新估价，评估金额为10万元。

（3）11月，甲单位经市文化局审批，报市财政局备案，用自筹资金购置了900万元的大型办公自动化设备。

（4）12月，甲单位在财产清查过程中，盘亏车辆一台，账面价值为25万元。甲单位已将财产清查的结果向市文化局与市财政局报告。截至12月31日，市文化局已审核同意，但尚未收到市财政局批复。为保证2021年财务报表及时报出，甲单位暂时先对盘亏的车辆进行销账处理。

【要求】请根据事业单位国有资产管理的有关规定，判断以上各项的处理是否正确。如不正确，请说明理由；如正确，请做账务处理。

项目六

行政事业单位负债的核算

任务1　负债概述

一、判断题（判断下列各题，正确的在括号内填“√”，不正确的在括号内填“×”）

1. 负债是指政府会计主体过去的经济业务或者事项形成的，预期会导致经济资源流出政府会计主体的现时义务。（　　）

2. 应付和预收款项是行政单位流动负债核算的主要内容，包括应付票据、应付账款、预收账款、其他应付款等。（　　）

3. 受托代理负债应当在行政事业单位收到受托代理资产并产生受托代理义务时确认。（　　）

4. 行政事业单位的负债按照流动性，分为流动负债和非流动负债。（　　）

5. 事业单位借入款项按借款的时间长短分为短期借款和长期借款。短期借款是不超过3年的借款。（　　）

6. 应付职工薪酬是指行政事业单位应付未付的职工工资、津贴补贴等。（　　）

7. 流动负债是指预计在1年内（含1年）偿还的负债，包括应付及预收款项、应付职工薪酬、应缴款项等。（　　）

8. 非流动负债是指流动负债以外的负债，包括长期应付款、应付政府债券和政府依法担保形成的债务等。（　　）

二、单项选择题（从下列各题的备选答案中，选择一个正确答案，并将其字母填入括号内）

1. 下列不属于行政单位会计负债的是（　　）。

A. 应缴财政款　　B. 应付政府补贴款
C. 短期借款　　D. 长期应付款

2. 下列不属于应缴财政款内容的是（　　）。

A. 罚没收入　　B. 政府性基金
C. 行政事业性收费　　D. 其他收入

3. 下列不属于应付政府补贴款的是（　　）。

A. 生活补助　　B. 职工薪酬
C. 抚恤金　　D. 助学金奖学金

4.（　　）是指事业单位向银行或其他金融机构借入的期限在1年以下（含1年）的各种借款。

A. 短期借款　　B. 长期借款
C. 其他应付款　　D. 应付账款

5. 事业单位的非流动负债包括（　　）以及长期应付款等。

A. 长期借款　　B. 短期借款
C. 应付账款　　D. 其他应付款

三、多项选择题（从下列各题的备选答案中，选择两个或两个以上的正确答案，将其字母填入括号内）

1.应缴财政款的内容包括（　　）。

A.政府性基金　　B.行政事业性收费

C.罚没收入和没收财物变价款　　D.国有资产处置净收入

2.下列选项中，属于行政单位应付及预收款项的有（　　）。

A.预付账款　　B.其他应付款

C.长期应付款　　D.预收账款

3.其他应交税费是指按照税法等规定计算应交纳的除增值税以外的各种税费，包括（　　）。

A.增值税　　B.房产税

C.城市维护建设税　　D.教育费附加

4.应付职工薪酬包括的内容有（　　）。

A.基本工资　　B.津贴补贴

C.社会保险费　　D.住房公积金

5.下列项目中属于事业单位负债的有（　　）。

A.借入款项　　B.暂存款

C.应付账款　　D.预收账款

6.事业单位的流动负债包括（　　）。

A.短期借款　　B.应付及预收款项

C.应付职工薪酬　　D.应缴款项

7.事业单位在开展业务活动中发生的各种债务，包括（　　）等应付款项和预收账款。

A.应付账款　　B.应付票据

C.其他应付款　　D.预收账款

四、简答题

1.简述负债的概念及分类。

2.简述负债如何确认与计量。

3. 简述负债核算的内容有哪些。

任务2　流动负债的核算

一、判断题（判断下列各题，正确的在括号内填“√”，不正确的在括号内填“×”）

1. “应付职工薪酬”科目核算的内容中不包括预算单位按国家统一规定发放的年终一次性奖金。（　）

2. 行政单位按照规定应付政府补贴款应通过“应付账款”科目核算。（　）

3. 行政事业单位的负债，应当按照承担的相关合同金额或实际发生额进行计量。（　）

4. 行政事业单位的应缴财政款应当在收到应当上缴的款项时确认。（　）

5. 行政事业单位的其他应付款应当在发生其他应付义务或收到属于其他应付款的款项时确认。（　）

6. “应缴财政款”科目核算行政事业单位按规定应当上缴财政的款项，包括应缴税费、纳入预算管理的政府性基金、行政性收费、罚款、没收财物变价款、无主财物变价款、赃款和赃物变价款以及单位处置资产应上缴财政的款项等。（　）

7. 行政事业单位代扣代缴的社会保险费和住房公积金（个人承担部分）、个人所得税，属于应付职工薪酬。（　）

8. 行政事业单位按照规定为职工缴纳的社会保险费和住房公积金（单位承担部分），不纳入应付职工薪酬范围进行核算。（　）

9. 事业单位的预收账款可以直接转为收入。（　）

10. 应付票据是指事业单位购买商品物资时所开的、承兑的银行汇票。（　）

二、单项选择题（从下列各题的备选答案中，选择一个正确答案，并将其字母填入括号内）

1. 行政事业单位收到经物价部门批准收取的行政事业性收费时，应贷记（　）科目。

A. 应缴财政款　　B. 应缴财政专户款

C. 其他应收款　　D. 其他应付款

2. 下列各项中，关于“短期借款”科目说法错误的是（　）。

A. 本科目应当按照贷款单位和贷款种类进行明细核算

B. 本科目期末贷方余额，反映事业单位尚未偿还的短期借款本金

C. 本科目核算事业单位借入的期限在1年内（不含1年）的各种借款

D. 银行承兑汇票到期，本单位无力支付票款的，按照银行承兑汇票的票面金额，借记“应付票据”科目，贷记本科目

3. 为了核算发放给离退休人员的经国务院或人事部、财政部批准设立的津贴补贴，设置的明细科目是（　　）。

A. 基本工资　　B. 其他个人收入

C. 国家统一规定的津贴补贴　　D. 社会保险费

4. 行政事业单位依法收取的罚没收入应记入（　　）科目。

A. 事业收入　　B. 其他收入

C. 应缴财政款　　D. 应缴财政专户款

5. 下列各项中，关于“其他应交税费”科目说法错误的是（　　）。

A. 单位代扣代缴的个人所得税，要通过本科目核算

B. 本科目核算单位按照税法等规定计算应缴纳的各种税费，包括增值税、车船税、房产税、印花税、企业所得税等

C. 本科目期末借方余额，反映单位多缴纳的税费金额；本科目期末贷方余额，反映单位应缴未缴的税费金额

D. 本科目应当按照应缴纳的税费种类进行明细核算

6.（　　）是指预算单位按有关规定应付给职工及为职工支付的各种薪酬。

A. 应付职工薪酬　　B. 其他应付款

C. 应付账款　　D. 长期应付款

7. 事业单位代扣代缴的个人所得税，属于（　　）。

A. 应付工资　　B. 应付职工薪酬

C. 其他应付款　　D. 应付个人所得税

8. 下列各项中，关于“应付票据”科目说法错误的是（　　）。

A. 本科目应当按照债权单位进行明细核算

B. 本科目期末贷方余额，反映事业单位开出、承兑的尚未到期的商业汇票票面金额

C. 支付银行承兑汇票的手续费时，借记“其他支出”科目，贷记“银行存款”等科目

D. 本科目核算事业单位因购买材料、物资等而开出、承兑的商业汇票，包括银行承兑汇票和商业承兑汇票

9. 行政事业单位“其他应付款”科目核算内容包括（　　）。

A. 收取的押金　　B. 应交增值税

C. 财政拨款　　D. 其他应交税费

三、多项选择题（从下列各题的备选答案中，选择两个或两个以上的正确答案，将其字母填入括号内）

1. 下列各项属于流动负债的账户有（　　）。

A. 其他应收款　　B. 其他应付款

C. 应缴财政款　　D. 受托代理负债

2.行政事业单位按照税法等规定应当缴纳的税费有（　　）。

A.增值税　　B.城镇土地使用税

C.城市维护建设税　　D.房产税

3.行政事业单位“应付职工薪酬”科目应设置的明细科目有（　　）。

A.基本工资（离退休费）　　B.社会保险费

C.住房公积金　　D.其他个人收入

4.应缴财政款是指行政事业单位应缴未缴的各种款项，包括（　　）以及其他按照国家有关规定应当上缴的款项。

A.应缴国库款　　B.应缴财政专户款

C.应缴税费　　D.应付职工薪酬

5.短期借款是指事业单位向银行或其他金融机构借入的期限在1年以下（含1年）的各种借款，主要有（　　）等。

A.临时借款　　B.结算借款

C.票据贴现借款　　D.固定资产购置借款

6.下列各项中，关于“应缴财政款”科目说法正确的有（　　）。

A. 本科目核算行政事业单位取得或应收的按照规定应当上缴财政的款项

B. 本科目应当按照应缴财政款项的类别进行明细核算

C. 本科目期末贷方余额，反映行政事业单位应上缴财政但尚未缴纳的款项

D. 按规定计算确定或实际取得应缴财政的款项时，借记有关科目（如“库存现金”“银行存款”科目），贷记本科目

7.事业单位会计中，“其他应交税费”科目的核算内容包括（　　）。

A.应交增值税　　B.应交企业所得税

C.应交城市维护建设税　　D.应交个人所得税

8.应付职工薪酬是指行政事业单位按有关规定应付给职工及为职工支付的各种薪酬，包括基本工资、（　　）等。

A.住房公积金　　B.国家统一规定的津贴补贴

C.绩效工资　　D.社会保险费

9.其他应付款指行政事业单位应付、暂收其他单位或个人的款项，包括（　　）。

A. 个人交存的住房公积金

B. 存入的押金

C. 已经报销但尚未偿还银行的本单位公务卡欠款

D. 存入保证金

四、简答题

1.行政事业单位应缴财政款包括的主要内容有哪些？

2.“应付职工薪酬”科目核算的内容有哪些？简要列明计提职工薪酬和发放时的会计分录。

3.行政事业单位流动负债的内容主要有哪些？

五、核算与分析题

（一）

【目的】掌握行政单位流动负债的账务处理。

【资料】某行政单位2021年12月发生如下经济业务：

（1）3日，收到罚没款5 000元存入银行。

（2）6日，将长期无人认领的无主款2 000元转作应缴财政款。

（3）10日，将按规定收取的行政性收费款6 000元存入银行。

（4）15日，按规定计算出的应付政府补贴金额为120 000元。

（5）16日，通过零余额账户支付上述政府补贴款。

【要求】编制上述业务的相关会计分录。

（二）

【目的】掌握应付职工薪酬的账务处理。

【资料】某预算单位在职职工工资采用财政直接支付方式。2021年10月1日，计算出本月应付工资187 500元。其中，在职职工工资为150 000元，在职职工地方津贴补贴为20 000元，在职职工其他个人收入为17 500元。10月5日，支付工资164 500元，单位代扣代缴个人住房公积金15 000元、各类保险费3 000元、个人所得税5 000元，单位承担职工住房公积金15 000元、各类保险费4 000元。

【要求】根据上述经济业务编制会计分录。

（三）

【目的】掌握事业单位（小规模纳税人）应付及预收款项的账务处理。

【资料】假设某事业单位2021年12月发生如下经济业务：

（1）6日，购入材料一批，价款为24 000元（含税），材料已验收入库，货款未付。

（2）16日，单位网络工程完工，工程款为600 000元，留取工程质量保证金60 000元半年，其余款项从修购基金中已支付。（假设留取工程质量保证金为2年，如何做账务处理?）

（3）22日，收取包装物押金3 000元，存入银行。

（4）26日，单位分期付款购买一台机器设备，合同规定在未来3年内，于每年年末付款一次，每年支付2 000 000元，共需支付价款6 000 000元。购买的设备用于经营活动。

【要求】根据上述经济业务编制会计分录。

（四）

【目的】练习事业单位（一般纳税人）应付及预收款项的核算。

【资料】假设某事业单位，2021年12月发生下列经济业务：

（1）3日，购入一批材料，根据增值税专用发票，购入材料的价款为20 000元，增值税税额为2 600元，发生运杂费3 000元，该单位开出一张期限为30天的商业承兑汇票支付材料价税款，并以银行存款支付运杂费。材料已验收入库。

（2）4日，接受一批产品订货，按合同规定，订货方需预付货款，产品完工交货时结算。5日，收到20 000元预付货款。20日，产品交货时进行结算，产品实际含税售价为33 900元，预收款不足部分对方用银行存款补足。

【要求】根据上述经济业务编制会计分录。

任务3　非流动负债的核算

一、判断题（判断下列各题，正确的在括号内填“√”，不正确的在括号内填“×”）

1. 长期借款是指事业单位经批准向银行或其他金融机构等借入的期限超过 1 年（不含 1 年）的各种借款本息。（　）

2. 长期应付款是指单位发生的偿还期限不超过1年（含1年）的应付款项。（　）

3. 长期应付款主要指事业单位融资租入固定资产发生的应付租赁费，跨年度分期付款购入固定资产的价款等。（　）

4. 为了核算单位对因或有事项所产生的现时义务而确认的负债，在负债要素类设置“预计负债”总账科目。（　）

5. “长期应付款”科目期末贷方余额，反映单位已经支付的长期应付款金额。（　）

6. 短期借款和长期借款都应以借款合同或协议来进行确认，以实际发生的借款金额来进行计量。（　）

7. 事业单位在进行长期借款时要根据实际需要和偿还能力控制借款规模，而短期借款不需要控制规模和考虑偿还能力，按需要进行借款。（　）

二、单项选择题（从下列各题的备选答案中，选择一个正确答案，并将其字母填入括号内）

1. 行政单位非流动负债有（　）。

A. 其他应付款　　B. 应付政府补贴款
C. 长期应付款　　D. 长期借款

2. 事业单位非流动负债有（　）。

A. 其他应付款　　B. 应付政府补贴款
C. 短期借款　　D. 长期借款

3. 下列各项中，关于“长期借款”科目说法错误的是（　）。

A. 本科目期末贷方余额，反映事业单位尚未偿还的长期借款本金
B. 本科目核算事业单位借入的期限超过1年（不含1年）的各种借款
C. 本科目应当按照贷款单位和贷款种类进行明细核算；对于基建项目借款，还应按具体项目进行明细核算
D. 为购建固定资产支付的专门借款利息，属于工程项目建设期间支付的，计入当期支出但不计入工程成本

三、多项选择题（从下列各题的备选答案中，选择两个或两个以上的正确答案，将其字母填入括号内）

1. 长期借款是指事业单位向银行或其他金融机构借入的期限在1年以上（不含1年）的各项借款，一般用于（　）。

A. 固定资产改建、扩建借款　　B. 结算借款
C. 基建项目等借款　　D. 固定资产购置借款

2. “长期应付款”科目核算的内容有（　）。

A. 跨年度分期付款购入的固定资产　　B. 跨年度分期付款购入的服务
C. 代扣代缴社会保险费　　D. 代扣代缴住房公积金

3. 下列各项中，关于“长期应付款”科目说法正确的有（　）。

A. 本科目期末贷方余额，反映单位尚未支付的长期应付款
B. 本科目应当按照长期应付款的类别以及债权单位（或个人）进行明细核算
C. 无法偿付或债权人豁免偿还的长期应付款，借记本科目，贷记“事业收入”科目
D. 本科目核算单位发生的偿还期限超过1年（不含1年）的应付款项，如以融资租赁租入固定资产的应付租赁费、跨年度分期付款购入固定资产的价款等

四、简答题

1. 行政事业单位非流动负债的内容主要有哪些？

2.“长期应付款”科目核算的内容有哪些？如何进行账务处理？

五、核算与分析题

（一）

【目的】掌握事业单位借入款项的账务处理。

【资料】某事业单位2021年12月发生如下经济业务：

（1）6日，向金融机构借入款项200 000元，期限为2年，年利率为8%，款项已存入银行，这笔借款用于该单位从事产品生产。

（2）16日，因经营活动所需向银行借款150 000元，年利率为10%，借款期限为6个月，到期还本付息。

【要求】根据上述经济业务编制会计分录。

（二）

【目的】掌握长期应付款的账务处理。

【资料】某预算单位2021年12月发生如下经济业务：

（1）5日，采用分期付款方式购入小汽车一辆，价款200 000元，分5年于每年6月5日采用财政授权支付方式等额支付。

（2）16日，融资租入5年期一台不需安装的设备，该设备价款500 000元、运杂费20 000元，每年支付租金。

【要求】根据上述经济业务编制会计分录。

综合训练

一、业务处理题

1.某行政单位2021年12月发生下列经济业务：

（1）10日，发工资时代扣代缴个人所得税2 000元，代扣代缴住房公积金9 000元。

（2）11日，按规定标准计提工会经费1 800元。

（3）15日，收到债权人豁免通知，豁免一笔金额为68 000元、期限为3年的应付款项，经批准予以核销。

（4）20日，将追回的赃物变价收入8 000元存入银行。

（5）25日，将应缴财政款21 000元上缴财政。

【要求】编制上述业务的相关会计分录。

2.某行政单位2021年12月发生如下经济业务：

（1）1日，该单位与市政工程公司签订购买协议，决定购买一公共基础设施，根据合约公共基础设施造价1 200 000元，需提前预付定金50%。该单位已通过财政直接支付了该笔款项的50%。

（2）上述公共基础设施已竣工通过验收。另发生相关费用80 000元。剩余款项及相关费用已通过财政直接支付。

（3）15日，领用价值为285 000元的政府储备物资用于灾区抗洪抢险。

（4）20日，购买一项专利，价值为200 000元，款项尚未支付。

（5）22日，上述专利款已通过零余额账户授权代理银行支付。

【要求】根据以上资料进行相关的会计处理。

3.某事业单位（一般纳税人）2021发生下列经济业务：

（1）5月1日，从银行借入资金150 000元（年利率为5.25%），2022年5月1日借款到期。（如果该笔借款2024年5月1日到期，如何进行账务处理？）

（2）5月3日，收到教育收费1 500元，存入银行，并于次日上缴财政专户。

（3）6月5日，购入非自用的材料，增值税专用发票上注明的材料价款为20 000元，增值税税额为2 600元，款项已支付，材料已经到达并验收入库。

（4）7月8日，盘点非自用材料，发现盘亏A材料，账面原价为15 000元。

（5）根据税法规定，该单位经营业务收入属于应税收入，应缴纳企业所得税。假如年末经营结余为500 000元，适用的所得税税率为25%，计算应缴税费并上缴。

（6）8月5日，按规定标准、范围计算出本月应付工资150 000元，8月8日收到财政直接支付统发工资137 000元，代扣个人住房公积金9 000元、社会保险费3 000元、个人所得税1 000元。

（7）9月10日，从华丰材料厂购入A材料一批用于专业业务活动，价款为70 000元，增值税税额为9 100元，材料已验收入库，价税款尚未支付。

（8）9月13日，通过零余额账户支付A材料价税款合计79 100元。

（9）假设9月13日该事业单位收到华丰材料厂通知，上述A材料款豁免，捐赠给该事业单位。

（10）10月8日，融资租入5年期一台需安装的设备，该设备价款为500 000元，安装费为20 000元。10月12日，支付租金和安装费120 000元，设备已安装完毕并交付使用。

【要求】根据上述业务做账务处理。

二、实训题

（一）

【实训目的】通过实训，熟悉行政单位负债的业务核算方法，能够独立填制记账凭证。

【实训资料】某行政单位2021年12月发生如下经济业务：

（1）1日，收到按规定收取的行政事业性收费50 000元，存入银行。

（2）9日，购入日常办公用材料一批，价款为7 500元，尚未付款。另通过现金支付运杂费200元。

（3）11日，以银行存款支付上述材料欠款。

（4）15日，根据在职职工本月应付职工薪酬总额计算出职工个人应缴纳住房公积金6 800元，应缴纳医疗保险费3 500元，应缴纳个人所得税2 200元。

【实训要求】根据实训资料，填制记账凭证。

（二）

【实训目的】熟悉发工资业务中常见原始凭证；掌握应付职工薪酬账务处理技能。

【实训资料】某事业单位2021年12月5日按规定标准、范围计算出12月份开展专业活动人员工资157 800元，其中基本工资（离退休费）130 000元、地方（部门）津贴补贴16 000元、其他个人收入11 800元。12月8日，收到财政直接支付统发工资137 800元，单位代扣个人住房公积金12 000元、社会保险费3 000元、个人所得税5 000元。

【实训要求】根据实训资料填制、审核原始凭证（工资发放明细表、“财政直接支付入账通知书”），填制记账凭证，登记会计账簿。

案例分析

1.某行政单位2021年年终结账时，为了全面反映当年预算收支执行情况，将当年收到财政预拨的下年度经费850万元转入“财政拨款结余”科目处理。

【要求】根据上述资料，分析判断该行政单位对此项业务的会计处理方法是否正确。如不正确，请简要说明原因。

2.某事业单位2021年12月发生下列经济业务：

（1）5日，收到2021年上半年办公楼闲置楼层出租租金100 000元，报废15台废旧电脑的残值收入2 000元，财务处小王将收取的这两项款作为其他收入处理。

（2）该单位举办培训班，5日从银行临时借入资金50 000元，用于培训前期资料印刷、教室布置费用，10日，培训结束，收取培训费现金100 000元。财务处决定将50 000元及借款利息600元归还银行，20 000元支付教师酬金，其余额29 400元直接发放工作人员补助。

【要求】请根据上述事项结合财务规则和制度分析上述做法是否符合财物制度规定。如不符合，应怎样做？如果符合，如何做账务处理？

项目七

行政事业单位收入的核算

任务1 收入概述

一、判断题（判断下列各题，正确的在括号内填“√”，不正确的在括号内填“×”）

1. 收入是指报告期内导致政府会计主体净资产增加的、含有服务潜力或者经济利益的经济资源的流入。（ ）

2. 行政事业单位收入是非偿还性资金。（ ）

3. 财政拨款收入是行政单位唯一的收入来源。（ ）

4. 财政拨款收入、非同级财政拨款收入、事业收入、捐赠收入、利息收入、租金收入和其他收入是行政事业单位共有的收入。（ ）

5. 行政事业单位依法取得的应当上缴财政的罚没收入、行政事业性收费、政府性基金、国有资产处置出租出借收入，不属于行政事业单位收入。（ ）

6. 事业单位的事业收入包括从同级政府财政部门取得的各类财政拨款。（ ）

7. 行政事业单位的收入应按照应收或实际收到的金额计量。收入来源渠道不同，计量的方式方法有所不同。（ ）

二、单项选择题（从下列各题的备选答案中，选择一个正确答案，并将其字母填入括号内）

1. 行政单位的收入来源主要是（ ）。

A. 业务收入　　B. 财政专户返还收入

C. 财政拨款收入　　D. 其他收入

2. 行政事业单位在确认财政拨款收入时，不可能对应的科目是（ ）。

A. 财政应返还额度　　B. 零余额账户用款额度

C. 专用基金　　D. 业务活动费用

3. 下列属于行政单位收入的有（ ）。

A. 罚没收入　　B. 没收财物变价款

C. 财政拨款收入　　D. 行政事业性收费

4. 下列不属于事业单位收入的有（ ）。

A. 事业收入　　B. 经营收入

C. 财政拨款收入　　D. 行政事业性收费

三、多项选择题（从下列各题的备选答案中，选择两个或两个以上的正确答案，将其字母填入括号内）

1. 行政单位收入的特点有（ ）。

A. 收入绝大部分来源于财政拨款　　B. 依法取得的

C. 非偿还性　　D. 主要用于开展业务活动

2. 行政单位收入有（ ）。

A. 财政拨款收入　　B. 捐赠收入

C.其他收入　　D.上级补助收入

3.下列不属于行政单位收入的有（　　）。

A.行政性收费　　B.罚没收入

C.政府性基金　　D.国有资产处置收入

4.下列属于事业单位收入的有（　　）。

A.财政拨款收入　　B.上级补助收入

C.应缴财政款　　D.事业收入

5.下列（　　）属于事业收入核算的内容。

A. 开展专业业务活动所取得的收入

B. 从财政专户核拨的专户资金

C. 开展辅助活动所取得的收入

D. 应缴财政专户的资金

四、简答题

1.简述行政事业单位收入的概念、特点以及内容。

2.行政事业单位收入是如何进行分类的?

3.行政事业单位收入管理的要求有哪些?

任务2　财政拨款收入和非同级财政拨款收入的核算

一、判断题（判断下列各题，正确的在括号内填“√”，不正确的在括号内填“×”）

1. “财政拨款收入”科目年终贷方余额，应全数转入“财政拨款结转”科目。（　　）

2. 在财政授权支付方式下，行政单位在实际使用财政资金时确认财政拨款

收入。（　　）

3. 行政单位从财政部门或者上级预算单位取得的项目资金，应当按照批准的项目和用途使用，专款专用、单独核算。（　　）

4. 财政拨款收入来源于政府预算资金和返还的财政专户款。（　　）

5. 财政拨款收入应按预算级次拨款，严禁垂直拨款、跨级拨款和对没有预算关系的单位拨款。（　　）

6. “财政拨款收入”科目年终结转后应无余额。（　　）

二、单项选择题（从下列各题的备选答案中，选择一个正确答案，并将其字母填入括号内）

1. 行政单位在确认财政拨款收入时，可能对应的科目是（　　）。

A. 单位管理费用　　B. 零余额账户用款额度

C. 专用基金　　D. 事业支出

2. 在财政授权支付方式下，行政单位在确认财政拨款收入的同时应确认（　　）。

A. 财政应返还额度减少　　B. 零余额账户用款额度增加

C. 行政支出　　D. 银行存款增加

3. 下列项目中，关于“财政拨款收入”科目说法错误的是（　　）。

A. 期末结转后，本科目应无余额

B. 本科目应当按照《政府收支分类科目》中“支出功能分类科目”的相关科目进行明细核算

C. 本科目可按照一般公共预算财政拨款、政府性基金预算财政拨款等拨款种类进行明细核算

D. 本科目核算事业单位从同级政府财政部门取得的各类财政拨款

4. 在（　　）方式下，事业单位应于收到财政国库支付执行机构委托代理银行转来的“财政直接支付入账通知书”时确认财政拨款收入，按入账通知书中标明的财政资金支付金额计量入账。

A. 财政直接支付　　B. 财政授权支付

C. 财政实拨资金　　D. 限额拨款方式

三、多项选择题（从下列各题的备选答案中，选择两个或两个以上的正确答案，将其字母填入括号内）

1. 在“财政拨款收入”科目下应当设置的明细科目有（　　）。

A. 公共财政预算拨款　　B. 政府性基金预算拨款

C. 基本支出拨款　　D. 项目支出拨款

2. 行政单位财政拨款收入取得的方式有（　　）。

A. 财政直接支付方式　　B. 财政授权支付方式

C. 其他支付方式　　D. 自筹资金方式

3. 行政单位领拨经费应遵循的原则包括（　　）。

A. 按预算级次领拨　　B. 按用款计划领拨

C. 按支出用途领拨　　D. 按实际进度领拨

4. 在国库集中支付方式下，财政拨款收入支付方式有（　　）。

A. 财政直接支付　　B. 财政授权支付

C. 财政实拨资金　　D. 限额拨款方式

四、简答题

1. 财政拨款收入和非同级财政拨款收入有何区别？

2. 财政拨款收入管理必须遵循的原则有哪些？

五、核算与分析题

（一）

【目的】掌握财政拨款收入的账务处理。

【资料】某单位2021年12月发生如下经济业务：

（1）6日，收到代理银行转来的“财政授权支付额度到账通知书”，该单位获得用于基本支出的财政授权支付额度100 000元。

（2）7日，收到代理银行转来的“财政直接支付入账通知书”，直接支付为开展日常业务活动所发生的事业经费60 000元。

（3）9日，收到代理银行转来的“财政直接支付入账通知书”，直接支付为开展某项专业业务活动所发生的事业经费40 000元。

（4）12日，根据代理银行转来的“财政直接支付入账通知书”及增值税专用发票，列明购入自用材料一批，价款为35 000元，增值税税额为4 550元，材料已验收入库。

（5）16日，根据代理银行转来的“财政直接支付入账通知书”及购车发票，列明购入汽车一辆，价款为135 000元，汽车已验收投入使用。

（6）22日，收到代理银行转来的“财政直接支付入账通知书”，列明同级政府财政部门拨入的大型修缮款150 000元入账。

（7）年终，结转“财政拨款收入”科目本期发生额1 500 000元，其中专项资金收入160 000元。

【要求】根据上述经济业务编制会计分录。

（二）

【目的】掌握非同级财政拨款收入的账务。

【资料】某事业单位2021年12月发生的经济业务如下：

（1）8日，收到从非同级财政部门取得的用于完成某专项任务的经费80 000元，款项已存入银行。

（2）年终，结转"非同级政府财政拨款收入"科目贷方余额250 000元，其中专项资金收入120 000元。

【要求】编制上述业务的相关会计分录。

任务3　事业收入与经营收入的核算

一、判断题（判断下列各题，正确的在括号内填"√"，不正确的在括号内填"×"）

1. 事业单位的事业收入是单位开展专业业务活动及其辅助活动所取得的收入。（　　）

2. 期末，将"事业收入"科目本期发生额结转入"本期盈余"科目。（　　）

3. 事业单位的经营收入是独立核算的经营活动所取得的收入。（　　）

二、单项选择题（从下列各题的备选答案中，选择一个正确答案，并将其字母填入括号内）

1. 下列项目中，关于“事业收入”科目说法错误的是（　　）。
   A. 期末结转后，本科目应有贷方余额
   B. 本科目核算事业单位开展专业业务活动及其辅助活动取得的收入
   C. 本科目应当按照事业收入类别、项目等进行明细核算
   D. 事业收入中如有专项资金收入，还应按具体项目进行明细核算
2. 下列项目中，关于“经营收入”科目说法错误的是（　　）。
   A. 期末，将本科目本期发生额转入本期盈余，借记本科目，贷记“本期盈余”科目
   B. 本科目核算事业单位在专业业务活动及其辅助活动中开展的非独立核算业务活动取得的收入
   C. 本科目应当按照经营活动类别、项目等进行明细核算
   D. 经营收入应当在提供服务或发出存货，同时收讫价款或者取得索取价款的凭据时，按照实际收到或应收的金额确认收入
3. 经营收入包括（　　）。
   A. 向学生收取的学杂费　　B. 独立核算的校办工厂收入
   C. 学校非独立核算的招待所收入　　D. 独立核算的农场收入

三、多项选择题（从下列各题的备选答案中，选择两个或两个以上的正确答案，将其字母填入括号内）

1. 下列属于事业收入核算内容的有（　　）。
   A. 开展专业业务活动所取得的收入　　B. 从财政专户核拨的专户资金
   C. 开展专业辅助活动所取得的收入　　D. 应缴财政专户的资金
2. 事业单位的经营收入包括（　　）。
   A. 出售固定资产的变价收入　　B. 出售自制产品的销售收入
   C. 科技成果展览收入　　D. 非独立核算的俱乐部对外放映演出收入
3. 某校电影院和招待所为非独立核算单位，下列属于事业单位经营收入的有（　　）。
   A. 学校学费收入　　B. 校电影院收入
   C. 校招待所收入　　D. 校电脑培训收入

四、简答题

1. 什么是事业收入？事业收入包括哪些内容？

2.事业收入如何确认？其与经营收入有何区别？

五、核算与分析题

（一）

【目的】掌握事业收入的账务处理。

【资料】某事业单位2021年12月发生的经济业务如下：

（1）16日，收到从财政专户返还的事业收入23 000元。

（2）22日，开展专业业务活动，取得收入150 000元，存入银行。

（3）月末，共发生事业收入500 000元，进行期末结转。

【要求】根据上述经济业务编制会计分录。

（二）

【目的】掌握经营收入的账务处理。

【资料】某事业单位2021年12月发生的经济业务如下：

（1）16日，收到所属非独立核算单位通过银行上缴的款项20 000元。

（2）22日，开展生产活动，对外销售产品一批，价款为10 000元，增值税税额为1 300元，该批产品成本为6 000元，款项通过银行划转收到。

（3）月末，共发生经营收入100 000元，进行期末结转。

【要求】根据上述经济业务编制会计分录。

任务4　上级补助收入和附属单位上缴收入的核算

一、判断题（判断下列各题，正确的在括号内填“√”，不正确的在括号内填“×”）

1. 上级补助收入是指事业单位从主管部门和上级单位取得的财政拨款收入。（　　）

2. 附属单位补偿事业单位在支出中垫支的各种费用，不应当冲减费用，而应作为附属单位上缴收入处理。（　　）

3. “附属单位上缴收入”科目核算事业单位附属独立核算单位按照有关规定上缴的收入。（　　）

二、单项选择题（从下列各题的备选答案中，选择一个正确答案，并将其字母填入括号内）

1. 事业单位收到主管部门或上级单位用财政拨款收入之外的收入（如自身组织的收入、集中附属单位的收入等非财政资金）拨入的非财政性资金列入（　　）账户。

A. 财政拨款收入　　B. 上级补助收入

C. 附属单位上缴收入　　D. 事业收入

2. 上级补助收入是指事业单位从主管部门和上级单位取得的（　　）。

A. 各类事业经费　　B. 非财政拨款收入

C. 基本建设拨款　　D. 附属单位缴款

3. 下列项目中，不能作为附属单位上缴收入处理的事项是（　　）。

A. 附属事业单位上缴的收入

B. 附属企业上缴的利润分成

C. 附属企业上缴的管理费

D. 附属单位补偿本单位在支出中垫付的各种费用

三、多项选择题（从下列各题的备选答案中，选择两个或两个以上的正确答案，将其字母填入括号内）

1. 下列项目中，关于“上级补助收入”科目，说法正确的有（　　）。

A. 本科目核算事业单位从主管部门和上级单位取得的财政拨款收入

B. 本科目应当按照发放补助单位、补助项目等进行明细核算

C. 收到上级补助收入时，按照实际收到的金额，借记“银行存款”等科目，贷记本科目，同时预算会计需要进行账务处理

D. 期末，将本科目本期发生额转入“本期盈余”科目

2. “上级补助收入”总账科目核算事业单位从主管部门和上级单位取得的非财政拨款收入，本科目下应当按照（　　）的相关科目等进行明细核算。

A. 发放补助单位

B. 补助项目

C. 《政府收支分类科目》中“支出功能分类科目”

D.《政府收支分类科目》中“部门预算支出经济分类科目”

3.附属单位上缴收入包括（　　）等项目。

A.附属事业单位上缴的收入

B.附属企业上缴的利润分成

C.附属企业上缴的管理费

D.附属单位补偿本单位在支出中垫付的各种费用

四、简答题

1.什么是上级补助收入和附属单位上缴收入？

2.上级补助收入与财政拨款收入的区别有哪些？

五、核算与分析题

（一）

【目的】掌握事业单位上级补助收入的账务处理。

【资料】某事业单位2021年12月发生的经济业务如下：

（1）22日，收到上级单位拨来弥补事业开支不足的非财政拨款收入150 000元，其中用于某专项业务的资金为80 000元。

（2）年终，结转“上级补助收入”科目贷方余额240 000元，其中专项资金收入80 000元。

【要求】根据上述经济业务编制会计分录。

（二）

【目的】掌握事业单位附属单位上缴收入的账务处理。

【资料】某事业单位2021年12月发生的经济业务如下：

（1）18日，收到所属独立核算企业上缴利润50 000元，已存入银行。

（2）22日，收到附属独立核算单位上缴收入180 000元，其中专项资金收入60 000元，已存入银行。

（3）年终，将“附属单位上缴收入”科目贷方余额180 000元进行结转，其中专项资金收入60 000元。

【要求】根据上述经济业务编制会计分录。

任务5　投资收益、捐赠收入、利息收入、租金收入和其他收入的核算

一、判断题（判断下列各题，正确的在括号内填“√”，不正确的在括号内填“×”）

1. 行政单位处置固定资产的净收入一般应作为其他收入处理。（　　）

2. 其他收入是行政事业单位依法取得的除财政拨款收入以外的各项收入。（　　）

3. 年终结转时，将“其他收入”科目贷方余额全数转入“经营结余”科目。（　　）

二、单项选择题（从下列各题的备选答案中，选择一个正确答案，并将其字母填入括号内）

1. 行政单位会计中，银行存款产生的利息收入应记入（　　）科目。

A. 财政拨款收入　　B. 利息收入

C. 预算外资金收入　　D. 其他收入

2. 事业单位股权投资和债券投资所实现的收益或发生的损失应记入（　　）科目。

A. 投资收益　　B. 其他收入

C. 财政拨款收入　　D. 利息收入

3. 下列项目中，不属于其他收入核算范围的是（　　）。

A.现金盘盈收入　　B.财政拨款收入

C.无法偿付的应付及预收款项　　D.收回已核销其他应收款

三、多项选择题（从下列各题的备选答案中，选择两个或两个以上的正确答案，将其字母填入括号内）

1.在“其他收入”科目下应当设置的明细科目有（　　）。

A.现金盘盈收入　　B.科技成果转化收入

C.利息收入　　D.捐赠收入

2.下列能通过“其他收入”科目核算的有（　　）。

A.库存现金溢余　　B.收回已核销的其他应收款

C.固定资产残值变价收入　　D.无法偿付的应付及预收款项

3.下列属于行政事业单位其他收入的有（　　）。

A.废旧物资变价收入　　B.捐赠收入

C.投资收益　　D.科技成果转化收入

四、简答题

1.行政事业单位会计其他收入的内容有哪些？

2.事业单位投资收益的内容包括哪些？

五、核算与分析题

（一）

【目的】掌握投资收益的账务处理。

【资料】某事业单位2021年12月发生的部分经济业务如下：

（1）对外投资取得投资收益20 000元，款项已存入银行。

（2）期末，将“投资收益”科目贷方余额120 000元进行结转。

【要求】根据上述经济业务编制会计分录。

（二）

【目的】掌握捐赠收入、利息收入、租金收入的账务处理。

【资料】某事业单位2021年12月发生的部分经济业务如下：

（1）取得存款利息收入2 000元，款项已存入银行。

（2）收到某企业捐赠的货币资金300 000元，款项已存入银行。

（3）取得租金收入10 000元，款项已存入银行。

（4）年终，将“捐赠收入”科目贷方余额200 000元进行结转。

（5）年终，将“利息收入”科目贷方余额50 000元进行结转。

（6）年终，将“租金收入”科目贷方余额450 000元进行结转。

【要求】根据上述经济业务编制会计分录。

（三）

【目的】掌握其他收入的账务处理。

【资料】某事业单位2021年12月发生的部分经济业务如下：

（1）收回已核销应收账款10 000元，款项已存入银行。

（2）收到后勤服务收入30 000元，款项已存入银行。

（3）出售废品，获得废品变价收入现金200元。

（4）年终，将“其他收入”科目贷方余额60 000元进行结转，其中专项资金收入20 000元。

【要求】根据上述经济业务编制会计分录。

综合训练

一、业务处理题

【资料】某文化事业单位2021年12月发生下列经济业务：

（1）2日，收到代理银行转来的“财政授权支付额度到账通知书”，列明本月授权支付额度250 000元已到账，其中基本支出补助150 000元、项目支出补助100 000元。

（2）5日，以财政直接支付方式支付一笔干部岗位培训费50 000元，收到代理银行转来的“财政直接支付入账通知书”及相关原始凭证。

（3）6日，收到事业服务费45 000元，款项已存入银行，按规定应全额上缴财政专户。

（4）7日，将上述款项上缴财政专户。同时收到财政专户核拨的基本支出经费40 000元已到账。

（5）8日，收到所属独立核算企业上缴利润50 000元，款项已存入银行。

（6）15日，收到其他单位的限定用途捐赠收入20 000元，款项已存入银行。

（7）16日，附属的非独立核算单位利用本单位资源为公众提供有偿服务，应收取服务费50 000元，款项尚未收到，按3%的增值税税率计算缴纳增值税。

（8）25日，持有的一年期的国库券到期，收到本金100 000元、利息5 000元。

【要求】根据上述资料做账务处理。

二、实训题

【实训目的】熟悉财政拨款收入、财政专户返还收入取得业务中常见原始凭证；掌握财政拨款收入、财政专户返还收入账务处理技能。

【实训资料】甲文化事业单位2021年12月发生的部分经济业务如下：

（1）5日，通过财政直接支付购买图书一批，金额为200 000元；收到“财政授权支付额度到账通知书”，列明本月用款额度为300 000元。

（2）8日，收到应缴财政专户的教育培训收入250 000元。

（3）9日，将上述款项上缴财政专户。

（4）25日，收到从财政专户返还收入150 000元。

【实训要求】根据实训资料填制、审核原始凭证，填制记账凭证，登记会计账簿。

案例分析

某事业单位张局长未经卫生部、民政部、教育部、财政部等部门审批，先后擅自设立和签发了《关于成立A基金委员会的通知》和《B基金制度的规定》，筹集基金19万元。又要求各处、室搞创收，致使各处、室和直属单位纷纷开设银行账户，以代基层印发防伪标识、单证表格、代购设备、举办培训等各种名目收费合计25万元。该单位对所收取的基金以及各处、室和直属单位创收的资金没有按规定纳入财务管理，而是分散在各处、室和直属单位作为部门“小金库”自行掌握，自行开支。有的收支没有账，有的白条下账，有的公款私存，有的有账本但票据不全。

【要求】根据我国相关会计法律、法规、制度规定，分析张局长的行为和责任。

项目八

行政事业单位费用的核算

任务1　费用概述

一、判断题（判断下列各题，正确的在括号内填“√”，不正确的在括号内填“×”）

1. 费用是指报告期内导致政府会计主体净资产减少的、含有服务潜力或者经济利益的经济资源的流出。（　　）

2. 符合费用定义和费用确认条件的项目，应当列入资产负债表。（　　）

3. 行政单位的费用主要包括业务活动费用、单位管理费用、其他费用等3类。（　　）

4. 费用的计量以当期已经发生的或应当负担的费用数额计量入账。（　　）

二、单项选择题（从下列各题的备选答案中，选择一个正确答案，并将其字母填入括号内）

1. 下列选项中属于行政单位费用要素类科目的有（　　）。

A. 资产处置费用　　B. 单位管理费用
C. 经营费用　　D. 对附属单位补助费用

2. 下列选项中不属于费用要素类科目的有（　　）。

A. 资产处置费用　　B. 单位管理费用
C. 经营费用　　D. 待摊费用

三、多项选择题（从下列各题的备选答案中，选择两个或两个以上的正确答案，将其字母填入括号内）

1. 费用的确认需要同时满足的条件有（　　）。

A. 与费用相关的含有服务潜力或者经济利益的经济资源很可能流出政府会计主体
B. 含有服务潜力或者经济利益的经济资源流出会导致政府会计主体资产减少或者负债增加
C. 流出金额能够可靠地计量
D. 含有服务潜力或者经济利益的经济资源流出会导致政府会计主体负债减少或者资产的增加

2. 下列选项中属于事业单位费用要素类科目的有（　　）。

A. 业务活动费用　　B. 单位管理费用
C. 所得税费用　　D. 资产处置费用

3. 下列选项中属于行政单位费用要素类科目的有（　　）。

A. 业务活动费用　　B. 单位管理费用
C. 资产处置费用　　D. 所得税费用

4. 下列选项中属于行政事业单位共有的费用要素类科目是（　　）。

A. 业务活动费用　　B. 资产处置费用
C. 单位管理费用　　D. 其他费用

四、简答题

1.什么是政府单位费用？如何确认？

2.行政单位和事业单位的费用各自包括哪些内容？

3.简述费用管理有哪些要求。

任务2 业务活动费用和单位管理费用的核算

一、判断题（判断下列各题，正确的在括号内填“√”，不正确的在括号内填“×”）

1. 业务活动费用是指单位为实现其职能目标，依法履职或开展专业业务活动及其辅助活动所发生的各项费用。 （ ）

2. 对于发给个人的基本工资、津贴、补贴等职工薪酬，在计提时确认，按照计算确定的应付金额计入业务活动费用或单位管理费用。 （ ）

3. 购入的库存物品可在购入时确认为费用。 （ ）

4. 固定资产在计提折旧时，按照规定在计提折旧时确认，按计提金额计入业务活动费用或单位管理费用。 （ ）

5. 单位管理费用是指行政事业单位本级行政及后勤管理部门开展管理活动发生的各项费用。 （ ）

6. 为事业单位管理活动人员计提的薪酬，按照计算确定的金额，借记“业务活动费

用”科目，贷记“应付职工薪酬”科目。 （ ）

7. 事业单位为管理活动所使用固定资产、无形资产计提的折旧、摊销，按照应提折旧、摊销额，借记“业务活动费用”科目，贷记“固定资产累计折旧”“无形资产累计摊销”科目。 （ ）

二、单项选择题（从下列各题的备选答案中，选择一个正确答案，并将其字母填入括号内）

1. 下列选项中不属于行政单位业务活动费用的有（ ）。

A. 工资福利费用　B. 固定资产折旧费
C. 对企业补助费用　D. 资产处置费用

2. 事业单位为开展专业业务活动及其辅助活动所发生的各项费用是（ ）。

A. 业务活动费用　B. 单位管理费用
C. 经营费用　D. 资产处置费用

3. （ ）是指事业单位本级行政及后勤管理部门开展管理活动发生的各项费用，包括单位行政及后勤管理部门发生的人员经费、公用经费、资产折旧（摊销）等费用，以及由单位统一负担的离退休人员经费、工会经费、诉讼费、中介费等。

A. 业务活动费用　B. 单位管理费用
C. 经营费用　D. 资产处置费用

三、多项选择题（从下列各题的备选答案中，选择两个或两个以上的正确答案，将其字母填入括号内）

1. 下列选项中可列入行政单位业务活动费用科目的有（ ）。

A. 商品和服务费用　B. 计提专用基金
C. 固定资产折旧费　D. 所得税费用

2. 下列选项中可列入业务活动费用明细科目的是（ ）。

A. 对企业补助费用　B. 公共基础设施折旧（摊销）费
C. 人员经费　D. 计提专用基金

3. 下列选项中可列入单位管理费用的是（ ）。

A. 利息费用　B. 坏账损失
C. 人员经费　D. 诉讼费

4. 下列选项中可列入单位管理费用明细科目的是（ ）。

A. 工资福利费用　B. 对个人和家庭的补助的补助费用
C. 保障性住房折旧费　D. 计提专用基金

四、简答题

1. 确认为业务活动费用的事项主要有哪些？

2. 事业单位费用主要有哪几类？业务活动费用、单位管理费用和经营费用有何区别？

五、核算与分析题

（一）

【目的】掌握行政单位业务活动费用的账务处理。

【资料】某行政单位2021年12月发生的部分经济业务如下：

（1）3日，签发转账支票购买办公用品、用具等共计1 000元，直接交付有关专业业务部门使用。

（2）5日，通过零余额账户支付本月水电费20 000元。

（3）8日，从仓库领用材料一批，价款为80 000元，用于专业业务活动。

（4）17日，用非财政专项资金支付办公楼大修理费46 000元，以银行存款支付。

（5）25日，计算本月在编职工工资300 000元、外部人员劳务费18 000元。

（6）期末，计提本月固定资产折旧20 000元。

（7）期末，将“业务活动费用”科目借方余额160 000元进行结转。

【要求】根据上述经济业务编制会计分录。

（二）

【目的】掌握事业单位业务活动费用的账务处理。

【资料】某事业单位2021年12月发生的部分经济业务如下：

（1）5日，签发转账支票购买专业业务活动用品、用具等共计1 000元，直接交付有关专业业务部门使用。

（2）7日，通过零余额账户支付专业业务活动本月水电费20 000元。

（3）10日，从仓库领用材料一批，价款为80 000元，用于专业业务活动。

（4）15日，计算本月专业活动人员工资，应付基本工资300 000元，应付津贴18 000元，应付工资合计318 000元。

（5）16日，从零余额账户提现金30 000元，发放单位从事专业业务活动的职工抚恤金18 000元、救济费12 000元。

（6）收到财政直接支付入账通知书，直接支付为开展专业日常业务活动所发生的租赁费30 000元、物业管理费50 000元、培训费80 000元。

（7）月末，计提本月用于专业业务活动的固定资产折旧200 000元和无形资产摊销50 000元。

（8）期末，将“业务活动费用”科目借方余额7 800 000元进行结转。

【要求】根据上述经济业务编制会计分录。

（三）

【目的】掌握单位管理费用的账务处理。

【资料】某事业单位2021年12月发生的部分经济业务如下：

（1）6日，计提本月行政及后勤部门在编职工工资总额405 000元，其中：基本工资231 000元，国家统一规定的津贴补贴15 000元，绩效工资120 000元，单位为职工承担的基本养老保险费为24 000元、基本医疗保险费为6 000元、住房公积金为9 000元。

（2）9日，后勤部门领用维修材料，账面余额60 000元。

（3）22日，计提本月固定资产折旧150 000元，其中，行政及后勤部门100 000元、经营部门50 000元。

（4）23日，用非财政专项资金支付办公楼大修理费46 000元，以银行存款支付。

（5）24日，非独立核算车队本月以现金支付修理车费500元。

（6）25日，按规定计提甲公司签订科研开发项目管理费250 000元。

（7）期末，将“单位管理费用”科目借方余额2 510 000元进行结转。

【要求】根据上述经济业务编制会计分录。

任务3 上缴上级费用和对附属单位补助费用的核算

一、判断题（判断下列各题，正确的在括号内填“√”，不正确的在括号内填“×”）

1. 上缴上级费用是指事业单位按照财政部门和主管部门的规定上缴上级单位款项发生的费用。 （ ）

2. 期末，事业单位将“上缴上级费用”科目本期发生额转入本期盈余，借记“本期盈余”科目，贷记“上缴上级费用”科目。 （ ）

3. 对附属单位补助费用是指事业单位用财政拨款收入之外的收入对附属单位补助发生的费用。 （ ）

4. 期末，事业单位将“对附属单位补助费用”科目本期发生额转入本期盈余，借记“对附属单位补助费用”科目，贷记“本期盈余”科目。 （ ）

二、单项选择题（从下列各题的备选答案中，选择一个正确答案，并将其字母填入括号内）

1.（ ）是指事业单位按照财政部门和主管部门的规定上缴上级单位款项发生的费用。

A.单位管理费用　　B.上缴上级费用
C.对附属单位补助费用　　D.其他费用

2.期末，下列（ ）科目核算事业单位用财政拨款收入之外的收入对附属单位补助发生的费用。

A.上缴上级费用　　B.待摊费用
C.单位管理费用　　D.对附属单位补助费用

三、多项选择题（从下列各题的备选答案中，选择两个或两个以上的正确答案，将其字母填入括号内）

1. B单位属于二级事业单位，某日用银行存款上缴上级单位A非专项资金90 000元，涉及财务会计（ ）科目。

A.上缴上级费用　　B.银行存款
C.资金结存　　D.对附属单位补助费用

2.期末，下列选项中可将其本期发生额转入“本期盈余”科目的有（ ）科目。

A.上缴上级费用　　B.待摊费用
C.长期待摊费用　　D.对附属单位补助费用

四、简答题

1.什么是上缴上级费用？如何确认和计量？

2.什么是对附属单位补助费用？如何确认和计量？

五、核算与分析题

（一）

【目的】掌握上缴上级费用的账务处理。

【资料】某事业单位2021年12月发生的部分经济业务如下：

（1）15日，按预算核定的数额上缴上级单位款项50 000元。

（2）期末，将“上缴上级费用”科目借方余额50 000元进行结转。

【要求】根据上述经济业务编制会计分录。

（二）

【目的】掌握对附属单位补助费用的账务处理。

【资料】某事业单位2021年12月发生的部分经济业务如下：

（1）2日，用自有资金通过银行拨付所属单位一次性补助120 000元。

（2）期末，将“对附属单位补助费用”科目借方余额120 000元进行结转。

【要求】根据上述经济业务编制会计分录。

任务4 经营费用和所得税费用的核算

一、判断题（判断下列各题，正确的在括号内填“√”，不正确的在括号内填“×”）

1. 经营费用是指事业单位在专业业务活动及其辅助活动之外开展独立核算经营活动发生的各项费用。（ ）

2. 开展经营活动内部领用库存物品，按照领用物品实际成本，借记“业务活动费用”科目，贷记“库存物品”科目。（ ）

3. 所得税费用是指有企业所得税缴纳义务的事业单位按规定缴纳企业所得税所形成的费用。（ ）

4. 期末，事业单位将“所得税费用”科目本期发生额转入本期盈余，借记“本期盈余”科目，贷记“所得税费用”科目。（ ）

5. 发生企业所得税纳税义务的，按照税法规定计算的应交税费数额，借记“非财政拨款结余分配”科目，贷记“其他应交税费——单位应交所得税”科目。（ ）

二、单项选择题（从下列各题的备选答案中，选择一个正确答案，并将其字母填入括号内）

1.（ ）是指事业单位在专业业务活动及其辅助活动之外开展非独立核算经营活动发生的各项费用。

A.业务活动费用　　B.单位管理费用

C.经营费用　　D.资产处置费用

2. 为了核算有企业所得税缴纳义务的事业单位按规定缴纳企业所得税所形成的费用，在费用类设置的科目是（ ）。

A.业务活动费用　　B.单位管理费用

C.经营费用　　D.所得税费用

三、多项选择题（从下列各题的备选答案中，选择两个或两个以上的正确答案，将其字母填入括号内）

1. 下列选项中可列入经营费用明细科目的是（ ）。

A.工资福利费用　　B.对个人和家庭的补助费用

C.无形资产摊销费　　D.计提专用基金

2. 发生企业所得税纳税义务的，按照税法规定计算的应交税费数额，涉及的科目有（ ）。

A.其他应交税费　　B.银行存款

C.所得税费用　　D.经营费用

四、简答题

1.什么是经营费用？如何进行确认和计量？

2.什么是所得税费用？如何进行确认和计量？

五、核算与分析题

（一）

【目的】掌握经营费用的账务处理。

【资料】某事业单位2021年12月发生的部分经济业务如下：

（1）1日，单位所属非独立核算的招待所因经营业务纠纷，经律师确认，未决诉讼负债M公司预计金额为120 000元。

（2）2日，计提本月经营部门在编职工薪酬50 000元。

（3）5日，收到热力公司开出的非独立核算招待所本月的冬季取暖费16 000元付款通知，款项尚未支付。

（4）6日，收到工商银行扣划的所属非独立核算招待所贷款100 000元的利息单中贷款利息3 600元。（按季末月6日付息）

（5）月末，计算本月单位所属非独立核算的招待所收入100 000元应交城市维护建设税（税率为7%）及教育费附加（税率为3%），并进行应交税费的处理。

（6）年末，将“经营费用”科目借方余额860 000元进行结转。

【要求】根据上述经济业务编制会计分录。

（二）

【目的】掌握所得税费用账务处理。

【资料】某事业单位2021年12月发生的部分经济业务如下：

（1）年末，按照税法规定，计算应交所得税，税额5 000元。

（2）年末，将“所得税费用”科目借方余额5 000元进行结转。

【要求】根据上述经济业务编制会计分录。

任务5　资产处置费用和其他费用的核算

一、判断题（判断下列各题，正确的在括号内填“√”，不正确的在括号内填“×”）

1. 资产处置费用是指单位经批准处置资产时发生的费用。（　　）

2. 利息费用属于行政单位的业务管理费用。（　　）

3. 对外捐赠现金、存货及固定资产、无形资产等资产时，通过“其他费用”科目核算。（　　）

二、单项选择题（从下列各题的备选答案中，选择一个正确答案，并将其字母填入括号内）

1. 为了核算行政事业单位经批准处置资产时发生的费用，应设置的科目是（　　）。

A. 业务活动费用　　B. 单位管理费用

C. 资产处置费用　　D. 其他费用

2.（　　）是指单位经批准处置资产时发生的费用，包括转销的被处置资产价值，以及在处置过程中发生的相关费用或者处置收入小于相关费用形成的净支出。

A. 所得税费用　　B. 单位管理费用

C. 经营费用　　D. 资产处置费用

3. 下列选项中不属于行政单位其他费用的是（　　）。

A. 利息费用
B. 坏账损失
C. 罚没支出
D. 接受捐赠固定资产承担的相关税费、运输费

4. 下列选项中属于事业单位其他费用的是（ ）。

A. 所得税费用
B. 坏账损失
C. 待摊费用
D. 预提费用

三、多项选择题（从下列各题的备选答案中，选择两个或两个以上的正确答案，将其字母填入括号内）

1. 资产处置费用是指单位经批准处置资产时发生的费用，包括的内容有（ ）。

A. 转销的被处置资产价值
B. 在处置过程中发生的相关费用
C. 处置收入大于相关费用形成的净收入
D. 处置收入小于相关费用形成的净支出

2. 下列选项中属于事业单位其他费用的是（ ）。

A. 中介费
B. 坏账损失
C. 现金资产捐赠支出
D. 罚没支出

四、简答题

1. 行政事业单位资产处置的方式主要包括哪几种？其费用包括哪些内容？

2. 什么是其他费用？包括哪些内容？

五、核算与分析题

（一）

【目的】掌握资产处置费用的账务处理。

【资料】某单位2021年12月发生的部分经济业务如下：

（1）3日，获批准报废一台专用设备，账面原价100 000元，已提折旧70 000元，收到出售款项5 000元，发生归属于单位的相关费用6 500元。

（2）10日，经批准处置一批存货，账面余额为2 500元。

（3）15日，报经批准对外捐赠A专利权，该项专利权的账面原值460 000元，已累计摊销20 000元，捐赠过程中归属于单位的相关费用5 000元。

（4）年末，将“资产处置费用”科目借方余额135 300元进行结转。

【要求】根据上述经济业务编制会计分录。

（二）

【目的】掌握其他费用的账务处理。

【资料】某事业单位2021年12月发生的部分经济业务如下：

（1）6日，向希望工程捐赠现金100 000元，已通过银行转账。

（2）15日，支付长期借款利息50 000元，该借款分年付息，到期一次还本。

（3）23日，库存现金盘点时，发现库存现金短缺120元，无法查明原因，经批准核销。

（4）19日，收到某公司捐赠的专用设备一台，用名义金额记账，以银行存款支付相关税费2 300元。

（5）年末，按照应收账款和其他应收款年末余额计提坏账损失34 000元。

（6）年末，将“其他费用”科目借方余额84 120元进行结转。

【要求】根据上述经济业务编制会计分录。

综合训练

一、业务处理题

【资料】某文化事业单位2021年12月发生下列经济业务：

（1）2日，收到代理银行转来的“财政直接支付入账通知书”及相关原始凭证，支付新入职专业人员岗前培训费56 000元。

（2）5日，以财政授权支付方式支付上月水费85 000元。

（3）6日，计算发放本月职工薪酬。本月职工基本工资为600 000元，统一津贴补贴按工资的5%计提。社会保险费单位缴纳部分为基本工资的333.5%，住房公积金单位缴纳部分为基本工资的12%。9日，通过财政直接支付发放完毕。

（4）12日，用上级主管部门拨入的专项经费（非财政资金）支付项目调研费15 000元，通过银行转账结算。

（5）20日，计算出附属的非独立核算单位临时聘用人员劳务费6 000元，代扣个人所得税30元。

（6）22日，为支持社会公益事业，以银行转账方式向某福利院捐赠50 000元。

（7）30日，经上级主管部门批准，核销4年前应收某企业的培训费20 000元，该企业已破产解散。

【要求】根据上述经济业务编制会计分录。

二、实训题

【实训目的】熟悉各类费用业务中常见原始凭证；掌握费用账务处理技能。

【实训资料】甲文化局2021年12月部分业务资料如下：

（1）6日，用现金购买价值800元的办公用品。

（2）16日，通过零余额账户支付上月水费8 000元、电费15 000元、电话费6 500元。

（3）22日，经批准，购买大轿车一辆，支付价款280 000元，增值税税额36 400

元，车辆购置税税额28 000元，款项已通过财政直接支付。

【实训要求】根据实训资料填制、审核原始凭证，填制记账凭证，登记会计账簿。

案例分析

某省级文教事业单位于2021年6月5日将一台闲置的专用设备自行出售，该设备账面原价1 600 000元，已提折旧100 000元，出售收入500 000元，用于购置未列入预算的设备。

【要求】根据部门预算管理、行政事业单位国有资产管理、政府会计准则、会计制度等国家有关规定，逐项判断上述业务是否正确。如不正确，请说明理由，按规定应如何做，并做相应账务处理。

项目九

净资产的核算

任务1 净资产概述

一、判断题（判断下列各题，正确的在括号内填“√”，不正确的在括号内填“×”）

1. 净资产是指政府会计主体资产扣除负债后的净额，是单位所拥有的资产净值。（ ）

2. 净资产和资产账户一样，可以单独计价。（ ）

3. 净资产金额取决于资产和负债的计量。（ ）

4. 净资产项目应当列入资产负债表。（ ）

5. 累计盈余是指单位本期各项收入、费用相抵后的余额。（ ）

二、单项选择题（从下列各题的备选答案中，选择一个正确答案，并将其字母填入括号内）

1. 下列选项中（ ）不属于行政单位净资产。

A. 累计盈余　　B. 本期盈余

C. 专用基金　　D. 以期年度盈余调整

2. 年末结转后有余额的账户是（ ）。

A. 以期年度盈余调整　　B. 无偿调拨净资产

C. 累计盈余　　D. 本期盈余

三、多项选择题（从下列各题的备选答案中，选择两个或两个以上的正确答案，将其字母填入括号内）

1. 下列选项中（ ）属于事业单位净资产。

A. 权益法调整　　B. 无偿调拨净资产

C. 累计盈余　　D. 本期盈余

2. 下列选项中（ ）符合净资产的特征。

A. 单位净资产能够用货币计量

B. 净资产不能单独计价

C. 净资产金额取决于资产和负债的计量

D. 当净资产增加时，必定是资产增加或负债减少

四、简答题

1. 什么是政府单位净资产？行政单位净资产和事业单位净资产包含的内容是否相同？

2.政府单位净资产有哪些特点？

任务2　盈余的核算

一、判断题（判断下列各题，正确的在括号内填“√”，不正确的在括号内填“×”）

1. 以前年度盈余调整是指单位本年度发生的调整以前年度盈余的事项，不包括本年度发生的重要前期差错更正涉及调整以前年度盈余的事项。（　）

2. 为了核算单位本年度盈余分配的情况和结果在净资产要素类设置“非财政拨款结余分配”科目。（　）

3. 本期盈余是指单位本期各项收入、费用相抵后的余额。（　）

4. 年末结账后，“本期盈余”科目应无余额。（　）

5. “本年盈余分配”科目属于行政单位和事业单位共有的科目。（　）

6. 累计盈余是指单位历年实现的盈余扣除盈余分配后滚存的金额，以及因无偿调入调出资产产生的净资产变动额。（　）

7. 按照规定上缴、缴回、单位间调剂结转结余资金产生的净资产变动额，以及对以前年度盈余的调整金额，均通过“累计盈余”科目核算。（　）

二、单项选择题（从下列各题的备选答案中，选择一个正确答案，并将其字母填入括号内）

1.调增以前年度事业收入时，按照调整增加的数额，应记入（　）科目的贷方。

A.本年盈余分配　　B.以前年度盈余调整

C.累计盈余　　D.事业收入

2.盘盈以前年度的各种固定资产时，报经批准后，应记入（　）科目的贷方。

A.业务活动费用　　B.以前年度盈余调整

C.累计盈余　　D.固定资产

3.年末，将“本期盈余”科目的贷方余额转入（　）科目，借记“本期盈余”科目，贷记该科目。

A.本年盈余分配　　B.以前年度盈余调整

C.累计盈余　　D.专用基金

4.为了核算单位历年实现的盈余扣除盈余分配后滚存的金额，以及因无偿调入调出资产产生的净资产变动额，在净资产要素类设置（　）总账科目。

A. 累计盈余　　B. 本期盈余
C. 以前年度盈余调整　　D. 本年盈余分配

5. 下列选项中，关于“累计盈余”科目说法不正确的有（　　）。

A. “累计盈余”科目期末余额，反映单位未分配盈余（或未弥补亏损）的累计数以及截至上年末无偿调拨净资产变动的累计数

B. “累计盈余”科目年末余额，反映单位未分配盈余（或未弥补亏损）以及无偿调拨净资产变动的累计数

C. 按照规定上缴、缴回、单位间调剂结转结余资金产生的净资产变动额，通过“累计盈余”科目核算

D. 年末，将“本年盈余分配”科目的余额转入累计盈余，借记“本年盈余分配”科目，贷记“累计盈余”科目

三、多项选择题（从下列各题的备选答案中，选择两个或两个以上的正确答案，将其字母填入括号内）

1. 根据《政府会计制度——行政事业单位会计科目和报表》，下列选项说法正确的有（　　）。

A. 调整增加以前年度收入时，按照调整增加的金额，借记有关科目，贷记“以前年度盈余调整”科目

B. 调整增加以前年度费用时，按照调整增加的金额，借记“以前年度盈余调整”科目，贷记有关科目

C. 盘盈的存货，报经批准后处理时，借记“待处理财产损溢”科目，贷记“以前年度盈余调整”科目

D. 年末，应将“以前年度盈余调整”科目的贷方余额转入本年盈余分配，借记“以前年度盈余调整”科目，贷记“本年盈余分配”科目

2. 根据《政府会计制度——行政事业单位会计科目和报表》，下列选项说法正确的有（　　）。

A. 年末，将“本期盈余”科目的借方余额转入“本年盈余分配”科目，借记“本年盈余分配”科目，贷记“本期盈余”科目

B. 年末，根据有关规定从本年度非财政拨款结余或经营结余中提取专用基金的，按照预算会计下计算的提取金额，借记“本年盈余分配”科目，贷记“专用基金”科目

C. 年末，按照规定完成有关账务处理后，将“本年盈余分配”科目贷方余额转入“累计盈余”科目，借记“本年盈余分配”科目，贷记“累计盈余”科目

D. 年末，根据有关规定从本年度非财政拨款结余或经营结余中提取专用基金的，按照计算的提取金额，借记“非财政拨款结余分配”科目，贷记“专用结余”科目

3. 期末，将（　　）科目的本期贷方发生额转入“本期盈余”科目。

A. 财政拨款收入　　B. 事业收入
C. 经营收入　　D. 其他预算收入

4.期末，将（　　）科目本期借方发生额转入“本期盈余”科目。

A.经营费用　　B.所得税费用

C.上缴上级费用　　D.单位管理费用

5.累计盈余的主要来源有（　　）。

A.以前年度盈余调整　　B.无偿调入调出资产产生的净资产变动额

C.本期盈余　　D.权益法调整

四、简答题

1.政府单位核算盈余应设置哪些科目？

2.以前年度盈余调整主要核算内容有哪些？

3.什么是本期盈余？如何计算？

4.政府单位本年盈余分配的项目主要是什么？

5.政府单位累计盈余形成的主要来源有哪些？

五、核算与分析题

（一）

【目的】掌握以前年度盈余调整的账务处理。

【资料】某事业单位2021年12月发生的部分经济业务如下：

1.16日，上级主管部门在对该单位进行日常检查时，发现该单位2020年10月有一笔预收账款60 000元，付款方已经收到商品，并达到收入确认条件，当年并没有确认为收入。

2.年末，将“以前年度盈余调整”科目贷方余额60000元转入累计盈余。

【要求】根据上述经济业务编制会计分录。

（二）

【目的】掌握本期盈余和本年盈余分配的账务处理。

【资料】某事业单位2021年12月31日有关收入类科目本期贷方余额和费用类科目本期借方余额见表9-1：

表9-1　2021年12月31日有关收入类科目和费用类科目余额　单位：元

收入类科目	年末余额	费用类科目	年末余额
1.财政拨款收入	1 096 000	1.业务活动费用	513 825
2.事业收入	50 000	——工资福利费用	472 500
——非同级财政拨款	23 000	——商品和服务费用	28 950
——其他事业收入	27 000	——对个人和家庭补助费用	1 000
3.上级补助收入	15 000	——固定资产折旧费	7 525
4.附属单位上缴收入	7 500	——无形资产摊销费	3 850
5.经营收入	10 000	2.单位管理费用	204 475
——招待所收入	10 000	——工资福利费用	202 500
6.捐赠收入	151 750	——商品和服务费用	1 975

续表

收入类科目	年末余额	费用类科目	年末余额
——非限定用途捐赠收入	1 750	3.经营费用	9 960
——限定用途捐赠收入	150 000	——商品和服务费用	9 780
		——利息费用	180
		4.资产处置费用	8 665
		5.上缴上级费用	4 000
		6.对附属单位补助费用	2 500
		7.所得税费用	1 340
		8.其他费用	586
		——利息费用	226
		——坏账损失	195
		——其他相关费用	165

【要求】(1) 根据上述资料进行收入和费用的期末结转。

(2) 完成上述结转后，将“本期盈余”科目余额转入“本年盈余分配”科目。

(3) 根据有关规定，按经营结余计算应纳企业所得税 6 000元，提取职工福利基金12 000元。

(三)

【目的】掌握累计盈余的账务处理。

【资料】某事业单位2021年12月发生的部分经济业务如下：

(1) 22日，按照规定，从当年财政应返还额度中向上级主管部门上缴财政拨款结转资金150 000元。

（2）23日，收到“财政授权支付额度到账通知书”，按照规定从其他单位调入财政拨款结余资金200 000元。

（3）31日，根据（二）中本年盈余分配余额，将“本年盈余分配”科目余额、“以前年度盈余调整”科目贷方余额60 000元及“无偿调拨净资产”科目贷方余额90 000元，进行年末结转。

【要求】根据上述经济业务编制会计分录。

任务3 专用基金、权益法调整和无偿调拨净资产的核算

一、判断题（判断下列各题，正确的在括号内填“√”，不正确的在括号内填“×”）

1. 专用基金是指事业单位按规定提取或者设置的具有专门用途的净资产。 （ ）

2. 为了核算事业单位按照规定提取或设置的具有专门用途的净资产，在净资产要素类设置“专用基金”总账科目。 （ ）

3. 权益法调整是指事业单位持有的长期股权投资采用权益法核算时，按照被投资单位除净损益和利润分配以外的所有者权益变动份额调整长期股权投资账面余额而计入净资产的金额。 （ ）

4. 无偿调拨净资产是指单位无偿调入或调出非现金资产所引起的净资产变动金额。 （ ）

二、单项选择题（从下列各题的备选答案中，选择一个正确答案，并将其字母填入括号内）

1. 为了核算单位无偿调入或调出非现金资产所引起的净资产变动金额，在净资产要素类设置（ ）总账科目。

A. 无偿调拨净资产　　B. 专用基金

C.待偿债净资产　　　　　　　　　D.权益法调整

2.按照规定使用提取的专用基金时，借记（　　）科目，贷记“银行存款”等科目。

A.专用基金　　　　　　　　　　　B.事业支出

C.业务活动费用　　　　　　　　　D.专用结余

三、多项选择题（从下列各题的备选答案中，选择两个或两个以上的正确答案，将其字母填入括号内）

1.下列选项中属于行政单位净资产内容的是（　　）。

A.专用基金　　　　　　　　　　　B.权益法调整

C.无偿调拨净资产　　　　　　　　D.本年盈余分配

2.下列关于专用基金说法正确的是（　　）。

A.专用基金的提取均有专门规定，即根据一定的比例或数额提取

B.为了核算行政事业单位按照规定提取或设置的具有专门用途的净资产，在净资产要素类设置“专用基金”总账科目

C.事业单位专用基金包括职工福利基金和科技成果转换基金

D.“专用基金”科目期末贷方余额，反映事业单位累计提取或设置的尚未使用的专用基金

3.下列各项属于事业单位专用基金的有（　　）。

A.修购基金　　　　　　　　　　　B.住房基金

C.科技成果转换基金　　　　　　　D.职工福利基金

4.下列选项可引起无偿调拨净资产增加变动的事项有（　　）。

A.按照规定取得无偿调入的存货　　B.按照规定无偿调出的固定资产

C.按照规定取得无偿调入的无形资产　D.按照规定无偿调出的政府储备物资

四、简答题

1.什么是专用基金？主要包括哪些项目？各自来源是什么？

2.简要说明专用基金的特点和管理要求。

五、核算与分析题

【目的】练习专用基金、权益法调整和无偿调拨净资产的核算。

【资料】某事业单位2021年12月发生的部分经济业务如下：

（1）本年度实现事业预算收入115 000元，该单位年末按事业预算收入的8%提取

科技成果转换基金。

（2）23日，使用以前年度提取的科技成果转换基金购买科研所用的专用技术设备一台，取得增值税专用发票注明的设备价款500 000元、增值税税额65 000元。

（3）年末，被投资企业实现利润300 000元；除净损益和利润分配以外的所有者权益变动金额为100 000元；被投资单位宣告发放现金股利200 000元。该事业单位占该被投资企业的股权比例为70%，有权对其参与经营决策，并按照股权比例享有净利润和其他所有者权益。

（4）24日，接受省级政府单位无偿调入价值200 000元的专用设备，验收合格交付使用，采用财政授权支付方式支付调入设备发生的运输费10 000元。

（5）25日，接上级通知，从该单位的×××仓库无偿调出105 000元材料给其他单位使用，并通过银行存款支付运费2 000元。

【要求】根据上述经济业务编制会计分录。

综合训练

一、业务处理题

【资料】某文化局2021年发生有关下列经济业务：

（1）2021年11月30日“本期盈余”科目贷方余额1 710 000元，同年12月各项收入和费用本月发生额见表9-2。

表9-2　12月各项收入和费用本月发生额　单位：元

收入类科目		费用类科目	
科目名称	金额	科目名称	金额
财政拨款收入	710 000	业务活动费用	850 000
非同级财政拨款收入	150 000	资产处置费用	10 000
捐赠收入	500 000	其他费用	10 000
利息收入	50 000		
租金收入	800 000		
其他收入	60 000		

（2）12月31日，“无偿调拨净资产”科目贷方余额500 000元，“以前年度盈余调整”科目贷方余额200 000元。

【要求】根据上述经济业务编制下列要求事项的会计分录。

（1）结转12月各项收入和费用。

（2）年末，结转“本期盈余”科目余额。

（3）年末，结转“本年盈余分配”科目余额。

（4）年末，结转“无偿调拨净资产”科目余额。

（5）年末，结转“以前年度盈余调整”科目余额。

（6）计算“累计盈余”科目年末余额。

二、实训题

【实训目的】熟悉事业单位净资产业务中常见原始凭证；掌握各类净资产账务处理技能。

【实训资料】甲文化事业单位2021年12月31日有关收入和费用类科目业务资料见表9-3。

表9-3 2021年12月31日有关收入和费用类科目余额 单位：元

科目名称	年末余额
财政拨款收入	150 000
附属单位上缴收入	13 000
上级补助收入	50 000
事业收入	300 000
其他收入	60 000
经营收入	800 000
业务活动费用	150 000
单位管理费用	140 000
上缴上级费用	35 000
对附属单位补助费用	30 000
其他费用	7 000
经营费用	660 000

按规定该事业单位开展经营活动应缴纳企业所得税，适用的企业所得税税率为25%，计提职工福利基金的比例为20%。

【实训要求】根据实训资料填制、审核原始凭证，填制记账凭证，登记会计账簿。并计算出该年度经营结余应缴所得税、计提的职工福利基金及应转入累计盈余的数额。

案例分析

甲事业单位年末发生下列经济业务：

（1）将留归单位使用的非财政拨款专项（项目已完成）剩余资金15 000元转入非财政拨款结余，并记入“累计盈余”科目。

（2）将已完工项目的财政拨款结转资金余额20 000元上缴财政，该单位只做了预算会计结转结余减少的业务处理，不做财务会计累计盈余的变动。

（3）本年经营收入380 000元，经营费用400 000元，将经营结余-20 000元转入本年盈余分配。

（4）年末，该单位从本年度财政拨款结余800 000元中按15%提取职工福利基金。

【要求】请分析该单位以上业务的做法是否符合事业单位相关财务规定。如符合规定，如何做账务处理；如不符合规定，说出原因，如何更正。

学习领域四

政府会计报告

项目十

政府会计报告

任务1 政府会计报告概述

一、判断题（判断下列各题，正确的在括号内填“√”，不正确的在括号内填“×”）

1. 政府决算报告是综合反映政府会计主体年度预算收支执行结果的文件，所以决算报表只需按年编报，不需按月编报。（ ）

2. 政府财务报告是反映政府会计主体某一特定日期的财务状况和某一会计期间的运行情况和现金流量等信息的文件。按编报范围包括政府部门财务报告和政府综合财务报告。（ ）

3. 决算报告的目标是向决算报告使用者提供与政府预算执行情况有关的信息，综合反映政府会计主体预算收支的年度执行结果。（ ）

4. 财务报告的目标是向财务报告使用者提供与政府的财务状况、运行情况（含运行成本，下同）和现金流量等有关信息，反映政府会计主体公共受托责任履行情况。（ ）

5. 政府决算报告的编制主要以收付实现制为基础，以预算会计核算生成的数据为准。（ ）

6. 政府财务报告的编制主要以权责发生制为基础，以财务会计核算生成的数据为准。（ ）

7. 年终清理和年终结账，是预算单位财务报表编制的准备工作，也是保证单位决算报表数字准确、真实、完整的一项基础工作。（ ）

8. 年终结账在年终清理的基础上进行，一般分为三个步骤：年终清理、年终结账、编制报表。（ ）

9. 年终清理是对预算单位全年预算资金收支、其他资金收支活动进行全面的清查、核对、整理和结算的工作。（ ）

10. 年终结账就是年终转账。（ ）

11. 年终结账后预算收入和支出类账户，收入和费用类账户一定没有余额。（ ）

12. 12月31日编制的年终转账的记账凭证，没有原始凭证作附件。（ ）

二、单项选择题（从下列各题的备选答案中，选择一个正确答案，并将其字母填入括号内）

1. 下列各项中，事业单位年终转账后可能有余额的账户是（ ）。

A. 累计盈余　　B. 本期盈余

C. 其他结余　　D. 非财政拨款结余分配

2. 主管会计单位对所属各单位的预算拨款的截止时间是（ ）。

A.12月31日　　B.12月25日

C.12月20日　　D.12月15日

3. 预算单位年终结账的首要环节是（ ）。

A. 年终清理　　B. 年终转账

C.结清旧账 D.记入新账

三、多项选择题（从下列各题的备选答案中，选择两个或两个以上的正确答案，将其字母填入括号内）

1.政府财务报告需按月编报的报表有（ ）。

A.资产负债表 B.收入费用表

C.净资产变动表 D.现金流量表

2.下列选项中（ ）属于政府决算报告信息使用者。

A.各级人民代表大会及其常务委员会

B.各级政府及其有关部门

C.政府会计主体自身

D.债权人

3.预算单位年终结账包括（ ）三个阶段。

A.年终清理 B.年终转账

C.结清旧账 D.记入新账

4.预算单位年终清理的主要内容有（ ）。

A.核对年度各项预算收支数字 B.清理结算各项应缴款项

C.清理结算各项往来款项 D.清理核对各项财产物资

5.预算单位年终清理结算的货币资金有（ ）。

A.库存现金 B.银行存款

C.零余额账户用款额度 D.应付款项

6.预算单位编报年度决算的准备工作是（ ）。

A.核对预算收支 B.清理往来款项

C.年终转账 D.年终清理与结账

四、简答题

1.简述预算单位年终清理的主要内容。

2.预算单位年终结账的环节有哪些？

3.行政事业单位财务报告包括哪些内容？主要财务报表有哪些？

4.预算单位会计报表按照编制时间分为哪几类？

任务2　预算会计报表编制

一、判断题（判断下列各题，正确的在括号内填“√”，不正确的在括号内填“×”）

1. 预算收入支出表是反映单位在某一会计年度内各项预算收入、预算支出和预算收支差额情况的预算会计报表，是行政事业单位预算会计报表的重要组成部分。（　　）

2. 预算结转结余变动表是反映单位在某一会计年度内预算结转结余变动情况的预算会计报表，是行政事业单位预算会计报表的重要组成部分。（　　）

3. 财政拨款预算收入支出表是反映单位本年财政拨款预算资金收入、支出及相关变动的具体情况的预算会计报表。（　　）

4. 财政拨款预算收入支出表“年初财政拨款结转结余”栏中各项目的数额应当与上年度财政拨款预算收入支出表中“年末财政拨款结转结余”栏中各项目的数额相等。（　　）

二、单项选择题（从下列各题的备选答案中，选择一个正确答案，并将其字母填入括号内）

1.下列选项中，不属于单位预算会计报表的是（　　）。

A.现金流量表　　B.预算收入支出表

C.预算结转结余变动表　　D.财政拨款预算收入支出表

2.下列各项中，关于预算收入支出表中“本年预算收入”项目的填列方法，说法错误的是（　　）。

A.“事业预算收入”项目，反映事业单位本年开展专业业务活动及其辅助活动

取得的预算收入

B. “上级补助预算收入”项目，反映事业单位本年从主管部门和上级单位取得的财政补助预算收入

C. “捐赠预算收入”项目，反映单位本年取得的捐赠预算收入

D. “非同级财政拨款预算收入”项目，反映单位本年从非同级政府财政部门取得的财政拨款

3. 下列各项中，关于预算收入支出表编制说明，说法错误的是（　　）。

A. 反映单位本年财政拨款预算资金收入、支出及相关变动的具体情况的预算会计报表

B. 本表“上年数”栏内各项数字，应当根据上年度预算收入支出表中“本年数”栏内所列数字填列

C. “财政拨款预算收入”项目，反映单位本年从同级政府财政部门取得的各类财政拨款。本项目应当根据“财政拨款预算收入”科目的本年发生额填列

D. “本年预算支出”项目，反映单位本年预算支出总额。本项目应当根据本表中“行政支出”、“事业支出”、“经营支出”、“上缴上级支出”、“对附属单位补助支出”、“投资支出”、“债务还本支出”和“其他支出”项目金额的合计数填列

4. 下列各项中，关于财政拨款预算收入支出表“本年数”栏各项目的内容和填列方法，说法错误的是（　　）。

A. “年初财政拨款结转结余”栏中各项目，反映单位年初各项财政拨款结转结余的金额。各项目应当根据“财政拨款结转”、“财政拨款结余”及其明细科目的年初余额填列

B. “本年财政拨款收入”栏中各项目，反映单位本年从上级政府财政部门取得的各类财政预算拨款金额。各项目应当根据“财政拨款预算收入”科目及其所属明细科目的本年发生额填列

C. “本年财政拨款支出”栏中各项目，反映单位本年发生的财政拨款支出金额。各项目应当根据“行政支出”、“事业支出”等科目及其所属明细科目本年发生额中的财政拨款支出数的合计数填列

D. “年末财政拨款结转结余”栏中各项目，反映单位年末财政拨款结转结余的金额。各项目应当根据“财政拨款结转”、“财政拨款结余”科目及其所属明细科目的年末余额填列

三、多项选择题（从下列各题的备选答案中，选择两个或两个以上的正确答案，将其字母填入括号内）

1. 下列各项中，关于预算收入支出表中“本年预算收支差额”项目的填列方法，说法正确的有（　　）。

A. “本年预算收支差额”项目，反映单位本年各项预算收支相抵后的差额

B. “本年预算收支差额”项目，应当根据本表中“本期预算收入”项目金额减去“本期预算支出”项目金额后的金额填列

C. 如果“本期预算收入”项目金额和“本期预算支出”项目金额相减后金额为负数，以“-”号填列

D. 如果“本期预算收入”项目金额和“本期预算支出”项目金额相减后金额为负数，不在本表中填列

2. 下列各项中，关于预算结转结余变动表说法正确的有（　　）。

A. 本表是反映单位在某一会计年度内预算结转结余变动情况的预算会计报表

B. 本表由“年初预算结转结余”“年初余额调整”“本年变动金额”“年末预算结转结余”四大项目构成，分层次列示

C. 年初预算结转结余+年初余额调整+本年变动额=年末预算结转结余

D. “年末预算结转结余”项目，反映单位本年预算结转结余的年末余额。本项目应当根据本项目下“财政拨款结转结余”项目金额填列

3. 预算结转结余变动表编报项目由（　　）“年末预算结转结余”四大项目构成，分层次列示。

A.“年初预算结转结余”　　B.“年初余额调整”

C.“本年变动金额”　　D.“以前年度余额调整”

4. 下列各项中，属于财政拨款预算收入支出表的披露项目的有（　　）。

A. 年初财政拨款结转结余　　B. 本年财政拨款收入

C. 本年财政拨款支出　　D. 年末财政拨款结转结余

四、简答题

1. 什么是预算收入支出表？按照什么时间编制？

2. 什么是预算结转结余变动表？按照什么时间编制？

3. 什么是财政拨款预算收入支出表？按照什么时间编制？

任务3　财务报表编制

一、判断题（判断下列各题，正确的在括号内填“√”，不正确的在括号内填“×”）

1. 资产负债表反映单位在某一特定日期全部资产、负债和净资产情况的财务会计报告。（　）

2. 资产负债表中除包括资产、负债和净资产项目外，还包括收入和费用项目。（　）

3. 资产负债表是反映单位在某一特定日期财务状况的报表，因此在这一报表中不会反映单位的收入和费用项目。（　）

4. 如果单位本年度资产负债表项目与上年末各项目的名称和内容不一致，应按本年度项目口径对上年末各项目进行调整，根据调整后的数据填入本年度资产负债表有关项目的“年初余额”栏中。（　）

5. 收入费用表中只有“投资收益”和“本期费用”两项可以“-”号填列，其他项目不能以“-”号填列。（　）

6. 收入费用表是反映单位在某一会计期间内发生的收入、费用及当期盈余情况的财务报表，是行政事业单位预算会计报表的重要组成部分。（　）

7. 净资产变动表是反映单位在某一会计年度内净资产项目的变动情况的财务报表。（　）

8. 现金流量表是反映单位在某一会计年度内现金流入和流出的信息，是预算会计报表的重要组成部分。（　）

9. 附注是对在会计报表中列示的项目所做的进一步说明，以及对未能在会计报表中列示项目的说明。附注是财务报表的重要组成部分。（　）

10. 为了反映单位财务会计和预算会计因核算基础和核算范围不同所产生的本年盈余数与本年预算结余数之间的差异，单位应将年度预算收入支出表中“本年预算收支差额”调节为年度收入费用表中“本期盈余”的信息进行披露。（　）

二、单项选择题（从下列各题的备选答案中，选择一个正确答案，并将其字母填入括号内）

1. 反映单位在某一特定日期财务状况的报表是（　）。

A. 资产负债表　　B. 收入费用表
C. 现金流量表　　D. 财政拨款预算收入支出表

2. 单位按月编报的两张主要会计报表是（　）。

A. 资产负债表和基本数字表　　B. 资产负债表和净资产变动表
C. 资产负债表和收入费用表　　D. 收入费用表和现金流量表

3. 反映行政单位定员定额执行情况的报表是（　）。

A. 资产负债表　　B. 收入费用表
C. 支出明细表　　D. 基本数字表

4.行政单位会计报表分为本级报表和汇总报表的标准是（　　）。

A.反映的经济内容　　B.编报的时间

C.报表的主从关系　　D.编报的层次

5.下列选项中，不属于单位财务报表的是（　　）。

A.净资产变动表　　B.收入费用表

C.资产负债表　　D.预算收入支出表

6.下列各项中，关于资产负债表中净资产类项目“期末余额”栏的内容及填列方法，说法错误的是（　　）。

A.“累计盈余”项目，反映单位期末未分配盈余（或未弥补亏损）以及无偿调拨净资产变动的累计数

B.“专用基金”项目，反映事业单位期末累计提取或设置但尚未使用的专用基金余额

C.“无偿调拨净资产”项目，反映单位本年度截至报告期期末无偿调入的非现金资产价值扣减无偿调出的非现金资产价值后的净值

D.“本期盈余”项目，反映单位本年度截至报告期期末实现的累计盈余不包括亏损

7.下列各项中，关于资产负债表中资产类项目“期末余额”栏的内容及填列方法，说法错误的是（　　）。

A.“财政应返还额度”项目，反映单位期末财政应返还额度的金额

B.“固定资产原值”项目，反映单位期末固定资产的账面价值

C.“货币资金”项目，反映单位期末库存现金、银行存款、零余额账户用款额度、其他货币资金的合计数

D.“存货”项目，反映单位期末存储的存货的实际成本

三、多项选择题（从下列各题的备选答案中，选择两个或两个以上的正确答案，将其字母填入括号内）

1.单位财务报表的编制要求是（　　）。

A.数字真实　　B.内容完整

C.报送及时　　D.手续齐备

2.单位需要编制的财务报表主要包括（　　）。

A.资产负债表　　B.收入费用表

C.净资产变动表　　D.预算结余变动表

3.资产负债表的“年初余额”可按（　　）填列。

A.上年决算后结转本年的各账户上年转入数

B.上年转账前资产负债表的期末数

C.上年转账后资产负债表的期末数

D.上年转账前的各总账账户及有关明细账账户余额

4.通过事业单位的资产负债表，可以（　　）。

A.掌握事业单位经济资源的分布和结构

B. 了解事业单位的资产和负债情况

C. 分析事业单位的财务实力，短期偿债能力和支付能力

D. 对前后期资产负债表分析，还可以看出事业单位资产负债变化情况及财务状况的发展趋势

5. 下列各项中，关于资产负债表中资产类项目“期末余额”栏的内容及填列方法，说法正确的有（　　）。

A. “待处理财产损溢”项目，反映单位期末尚未处理完毕的各种资产的净损失或净溢余

B. “工程物资”项目，反映单位期末为在建工程准备的各种物资的实际成本

C. “货币资金”项目，应当根据“库存现金”“银行存款”“其他货币资金”科目的期末余额合计填列

D. “受托代理资产”项目，反映单位期末受托代理资产的价值。本项目应当根据“受托代理资产”科目的期末余额与“库存现金”“银行存款”科目下“受托代理资产”明细科目的期末余额的合计数填列

6. 下列各项中，关于收入费用表中“本期盈余”项目的填列方法，说法正确的有（　　）。

A. 反映单位本期收入扣除本期费用后的净额

B. 应当根据本表中“本期收入”项目金额减去“本期费用” 项目金额后的金额填列

C. 应当根据本表中“本期收入”项目金额加上“本期费用” 项目金额后的金额填列

D. 本表中“本期收入”项目金额减去“本期费用” 项目金额后的金额如为负数，以“-”号填列

7. 下列属于单位会计报表附注内容的是（　　）。

A. 特殊事项说明　　　　B. 所采用的主要会计处理方法

C. 会计处理方法的变更情况　　　　D. 重大投资、借款活动的说明

8. 预算结余与本年盈余的差异情况调节的主要事项有（　　）。

A. 当期确认为收入但没有确认为预算收入

B. 当期确认为预算支出但没有确认为费用

C. 当期确认为预算收入但没有确认为收入

D. 当期确认为费用但没有确认为预算支出

9. 现金流量表中的“日常活动的现金流入小计”项目，反映单位本年日常活动产生的现金流入的合计数。本项目应当根据本表中的（　　）、“收到的其他与日常活动有关的现金”项目金额的合计数填列。

A. “财政基本支出拨款收到的现金”

B. “财政非资本性项目拨款收到的现金”

C. “事业活动收到的除财政拨款以外的现金”

D. “支出收回的现金”

四、简答题

1. 什么是财务报告？它是由哪几部分构成的？

2. 什么是资产负债表？资产负债表能提供哪些信息资料？资产负债表月报与年报有什么区别？

3. 什么是收入费用表、净资产变动表和现金流量表？

4. 什么是财务报表附注？包括哪些内容？

任务4　行政事业单位决算分析和财务分析

一、判断题（判断下列各题，正确的在括号内填“√”，不正确的在括号内填“×”）

1. 分析单位收支情况的依据是资产负债表。（　　）
2. 分析单位预算执行情况的依据是预算收入支出表。（　　）
3. 分析单位财务状况的依据是资产负债表。（　　）
4. 人均开支是本期支出数与本期平均在职人员数的比率。（　　）

5. 衡量行政单位公务用车配备情况的指标是人车比例。 ( )

6. 因素分析法是财务报告分析中最常用的一种分析方法。 ( )

二、单项选择题（从下列各题的备选答案中，选择一个正确答案，并将其字母填入括号内）

1. 下列不属于行政单位财务分析指标的是（ ）。
   A. 支出增长率 B. 项目支出比率
   C. 资产负债率 D. 人车比例

2. 下列不属于行政单位财务分析的内容是（ ）。
   A. 预算编制与执行情况 B. 收入支出状况
   C. 资产使用情况 D. 投资收益率

3. 财务报告分析中最常用的一种分析方法是（ ）。
   A. 比较分析法 B. 因素分析法
   C. 比率法 D. 综合分析法

4. 衡量行政单位人均年消耗经费水平的指标是（ ）。
   A. 人车比例 B. 人均开支
   C. 支出增长率 D. 人均办公使用面积

5. 通过计算、比较经济指标的比率，来确定相对差异的分析方法是（ ）。
   A. 比较分析法 B. 因素分析法
   C. 比率法 D. 综合分析法

6. 衡量事业单位收入和支出总预算及分项预算完成程度的指标是（ ）。
   A. 预算收入和支出完成率
   B. 人员支出、公用支出分别占事业支出的比率
   C. 人均基本支出
   D. 资产负债率

7. 衡量事业单位利用债权人提供资金开展业务活动的能力，以及反映债权人提供资金的安全保障程度的指标是（ ）。
   A. 预算收入和支出完成率
   B. 人员支出、公用支出分别占事业支出的比率
   C. 人均基本支出
   D. 资产负债率

三、多项选择题（从下列各题的备选答案中，选择两个或两个以上的正确答案，将其字母填入括号内）

1. 行政事业单位决算分析的内容一般有（ ）。
   A. 预算编制情况分析 B. 预算执行情况分析
   C. 收入支出情况分析 D. 定员定额情况分析

2. 行政事业单位财务分析通常采用的方法有（ ）。
   A. 比较分析法 B. 因素分析法
   C. 比率法 D. 综合分析法

3.行政单位财务分析指标包括（　　）。

A.人车比例　　B.人均开支

C.支出增长率　　D.人均办公使用面积

4.收入支出状况分析的主要内容有（　　）。

A.收入来源　　B.收支总量

C.收支结构　　D.支出范围和标准

5.比较分析法主要从（　　）方面进行分析。

A.本期实际数与本期预算数相比

B.本期实际数与过去同期实际数相比

C.本期实际数与其他同类单位相同指标实际数相比

D.本期实际数与预期数相比

6.衡量单位支出结构的重要指标，通常有（　　）。

A.人员支出比率　　B.公用支出比率

C.经费自给率　　D.资产负债率

四、简答题

1.事业单位财务分析的内容有哪些?

2.行政单位财务分析有哪些指标?

综合训练

业务处理题

（一）

【资料】某行政单位发生下列业务：

1.2020年年末“财政拨款结转”和“非财政拨款结余”的科目余额分别为20 000元和500 000元，“财政拨款结余”和“非财政拨款结转”的科目无余额。

2.2021年度发生下列相关经济业务：

（1）上年度使用财政直接支付方式采购的办公用电脑耗材因质量问题予以退回，价款30 000元。收到代理银行转来财政直接支付资金退回入账通知书，退回相关款项30 000元，耗材已退回。

（2）代理银行转来“财政授权支付额度到账通知书”，收到主管部门从其他单位调入的财政拨款结转资金100 000元，用于当年办公大楼的修缮。

（3）按照财政部门的规定，将50 000元的财政拨款结转资金调出给其他单位，已通过银行转账。

（4）检查上年度已完成的××项目改造工程，发现该项目上年结余资金50 000元，按财政部门要求上缴。收到代理银行通知已扣减零余额账户用款额度。

（5）该单位收到利息收入50 000元、捐赠收入1 460 000元、租金收入500 000元（不需要上缴财政）。

（6）发生现金捐赠支出200 000元。

3.2021年年末各项预算收入和预算支出本年发生额见表10-1（假设没有政府性基金预算财政拨款）。

表10-1　2021年年末各项预算收入和预算支出本年发生额

<table>
<tr><th>预算收入科目名称</th><th>贷方发生额（元）</th><th>预算支出科目名称</th><th>借方发生额（元）</th></tr>
<tr><td>财政拨款预算收入</td><td>5 800 000</td><td>行政支出</td><td>6 940 000</td></tr>
<tr><td>其中：项目支出
——办公楼修缮</td><td>500 000</td><td rowspan="4">其中：财政拨款支出
——项目支出——办公楼修缮
——基本支出
非财政专项资金支出
——办公楼修缮
——新技术引进
其他资金支出</td><td rowspan="4">
400 000
5 000 000

200 000
700 000
640 000</td></tr>
<tr><td>非同级财政拨款预算收入</td><td>300 000</td></tr>
<tr><td>其中：专项资金收入
——办公楼修缮</td><td>200 000</td></tr>
<tr><td>其他预算收入</td><td>2 040 000</td></tr>
<tr><td>其中：专项资金收入
——办公楼修缮
——新技术引进</td><td>
500 000
800 000</td><td>其他支出</td><td>1 150 000</td></tr>
<tr><td></td><td></td><td rowspan="3">其中：财政拨款支出
非财政专项资金支出——办公楼修缮
其他资金支出</td><td rowspan="3">500 000
500 000
150 000</td></tr>
<tr><td></td><td></td></tr>
<tr><td></td><td></td></tr>
</table>

4.假设办公楼修缮项目年底完工。

【要求】（会计分录列示一级明细科目）

（1）编制2021年年度发生经济业务预算会计下的会计分录。

（2）结转2021年年度预算收入和支出。

（3）将完工项目的财政拨款结转资金转入“财政拨款结余”科目。

（4）将“其他结余”科目余额转入“非财政拨款结余”科目。

（5）计算“财政拨款结转”“财政拨款结余”“非财政拨款结转”“非财政拨款结余”科目的2021年年末余额。

（6）编制该行政单位2021年年度预算收入支出表和预算结转结余变动表（上年数略）。

（二）

【资料】某事业单位发生下列业务：

1.2021年11月30日各类会计科目余额见表10-2。

表10-2 2021年11月30日各类会计科目余额

单位：元

科目名称	借方余额	科目名称	贷方余额
库存现金	12 000	应交增值税	450 000
其中：受托代理现金	2 000	其他应交税费	85 000
银行存款	1 218 000	应付账款	5 560 000
其中：受托代理银行存款	18 000	应付政府补贴款	3 056 000
零余额账户用款额度	65 000	其他应付款	1 680 000
其他货币资金	20 000	长期应付款	6 000 000
应收账款	208 000	受托代理负债	50 000
其他应收款	49 000	累计盈余	23 264 000
在途物品	50 000	无偿调拨净资产	440 000
库存物品	80 000	本期盈余	3 443 000
固定资产	38 060 000		
固定资产累计折旧	−4 250 000		
在建工程	816 000		
无形资产	8 014 000		
无形资产累计摊销	−404 000		
待处理财产损溢			
政府储备物资	60 000		
受托代理资产	30 000		

2.2021年12月发生如下经济业务：

（1）6日，收到“财政授权支付额度到账通知书”，列明本月财政授权支付额度为200 000元。

（2）7日，上交上月应交增值税税额450 000元和其他税费85 000元。

（3）8日，收到“财政直接支付入账通知书”及相关原始凭证，列明采购专用材料一批，财政直接支付100 000元，材料已经验收入库。

（4）9日，收到非同级政府财政部门拨款100 000元，款项已存入银行。

（5）10日，接收甲公司的捐赠，其中货币资金200 000元，专利权一项，发票上注明价款200 000元。不考虑相关税费。

（6）12日，收到银行存款利息通知书，本月取得存款利息收入5 000元。

（7）16日，收到出租办公楼年租金51 500元（含税），假定该租金收入不上缴财政。

（8）17日，计提本月在编职工薪酬60 0000元和外部人员劳务费80 000元。

（9）19日，发出救灾材料一批，账面余额50 000元。

（10）25日，计提本月固定资产折旧200 000元、无形资产摊销50 000元。

（11）26日，获得批准处置盘亏的专用材料和图书，账面余额分别为5 000元和10 000元。

（12）年末，经过对账确认财政直接支付预算指标数为2 000 000元，本年度财政直接支付实际支付数为1 800 000元；本年度财政授权支付预算指标数为3 000 000元，本年度零余额账户用款额度下达数为2 800 000元，本年度零余额账户用款额度支用数为2 535 000元。

【要求】（会计分录列示一级明细科目）

（1）根据2021年12月份发生的经济业务编制财务会计下的分录。

（2）结转2021年12月份收入和费用。

（3）完成上述结转后，结转“本期盈余”科目和“本年盈余分配”科目余额。

（4）结转“无偿调拨净资产”科目余额。

（5）编制2021年12月31日资产负债表（上年数略）。

案例分析

财务报表是反映单位一定时期财务状况、运行情况和现金流量等信息的书面文件，是外界了解单位情况和本单位了解与分析本单位财务情况的依据，财务报表不实，了解与分析单位财务情况就无从谈起。行政单位应当真实、准确、完整、及时地编制财务报告，认真进行财务分析，并按照规定报送财政部门、主管预算单位和其他有关部门。

行政单位编制财务报表时存在财务报表不实的现象，具体表现在以下3个方面：一是将部分收支事项挂往来账上核算，导致单位收支不实、债权债务不实。二是一些资产游离于账外。如竣工结算后的办公大楼迟迟不予入账，将主管部门移交的资产长期不入账，购置的固定资产未记入“固定资产”科目等。年度终了，也没有对资产进行盘点。三是债权债务长期得不到清理，一些债权债务有10年之长，负债人和会计人员已换了几次，一些债权债务的性质已无从知晓。

行政单位当前存在的问题，给审计工作增加了复杂性和难度。因此，必须加强行政单位财务工作，加强会计人员的培训，提高会计人员业务素质。同时，审计人员要开拓思路、改进方法，不能就账论账，满足于账面上的东西，要抓住线索，追根溯源，加大对假发票、会计舞弊行为的查处力度。从账户入手，抓住预算管理和财政资金这条主线，全面核查资金开户情况；正确运用分析性复核，对被审计单位财务资料之间、非财务资料之间、财务资料和非财务资料之间的关系进行比较研究，调查重要的异常变动及差异，从而确定财务资料的总体合理性和审计重点；加大对所属单位的延伸审计，确保真实、准确反映行政单位财务情况。

【要求】

（1）根据上述资料，分析行政单位财务报表编制时，应注意哪些问题。

（2）如何真实、准确、完整、及时地编制行政单位财务报表？